选对人，用好人

王竹娟／著

化学工业出版社
·北京·

内容简介

本书从对人才管理的常见困惑讲起，从内隐的潜质到外显的行为，循序渐进地揭开发展员工能力和提升业绩水平的规律，重点介绍90%以上标杆企业采用的识人用人方法及工具，帮助读者系统掌握心理学在人才管理中的应用，学会如何科学有效地选人用人，以激发人才能力。

图书在版编目（CIP）数据

选对人，用好人 / 王竹娟著. -- 北京 ：化学工业出版社，2026. 1. -- ISBN 978-7-122-49309-5

Ⅰ. C962

中国国家版本馆CIP数据核字第2025H7T091号

责任编辑：罗　琨　　文字编辑：史燕妮　杨振美

责任校对：杜杏然　　正文设计：韩　飞

出版发行：化学工业出版社

（北京市东城区青年湖南街13号　邮政编码100011）

印　　装：三河市双峰印刷装订有限公司

880mm×1230mm　1/32　印张9¼　字数150千字

2026年4月北京第1版第1次印刷

购书咨询：010-64518888　　售后服务：010-64518899

网　　址：http://www.cip.com.cn

凡购买本书，如有缺损质量问题，本社销售中心负责调换。

定　　价：52.00元

前言

人才究竟有多大作用?

为什么有些企业在激烈的市场竞争中逆势而上，成功转型?为什么有些团队能从初创阶段迅速壮大?企业持续发展的关键因素究竟是什么?有人说靠科学的管理制度，有人则强调“管理的核心是人”。但令人困惑的是，采用这两种策略的企业，既有成功案例，也有失败教训。

笔者曾经作为咨询顾问，在企业发展的关键阶段，如快速发展、变革或转型期，通过设计组织架构、建立更合理的考核和激励制度等方法保障企业高效、稳定地发展，就像给企业“立规矩”，做到有章可循，避免混乱。彼时的企业，无论大小，都认为只要有一套足够完善的管理方法，就能自动运转起来。然而在实践中我们总会发现，无论多完美的设计，都会出现一些意外。

意外一：组织架构设计，或者关键岗位的设计明明经过严谨的调研与论证，却达不到预期的效果，因为岗位上始终找不到匹配的人才。

意外二：学习标杆企业构建了一整套制度，尤其是“激励—考核”的闭环。这套制度在其他企业的激励效果很好，在这里却不灵了。这套制度不仅使团队士气更低了，而且让骨干员工变得要么“装模作样”地应付，要么直接离职。

意外三：老板早就敏锐察觉出了行业的新趋势，提前布局了一系列新业务单元。但员工总是“人在心不在”，对这些变化很抗拒，导致新业务根本无法顺利开展。

这些情况看似在“意料之外”，实则在“情理之中”，说到底还是人才的问题。在业务发展中，人才到底有多重要呢？人才究竟是业务的“驱动力”还是“支撑点”？过去环境变化慢，在工业时代，企业只需确定方向、分配任务，再匹配合适的人才即可。但在VUCA时代（具有易变性、不确定性、复杂性、模糊性的时代），不确定性激增，AI（人工智能）技术迅猛发展，企业需要快速响应市场变化。这时候，一支有战斗力、生命力和凝聚力的团队，才是企业发展的根本。

本书将分享笔者在人才管理领域的心得，重点和读者探讨如何提前布局人才，精准识别关键人才，并结合众多企业的实践案例展开分析。用凝练出的人才方法论，科学地帮助企业释放人才更大的潜力。

用人的困惑

在与企业高层交流时，笔者常听到他们对人才抱有矛盾的心态。

一方面，他们认识到“人才最重要，要用好每一个人才”，要充分用好人；另一方面，又担心“被人才绑架”，甚至不惜在制度与流程上处处“留一手”，要做到“公司没有谁都能转”。

他们既认同“人才能驱动业务，要发挥人才的优势”，又把“人才”当作可随时被挪动的“砖”，哪里需要哪里搬；既推崇“内部培养更稳妥”，又说“外来的和尚会念经”，希望他们能带来更先进的思路或技术等。正是这些“又想用好，又怕被挟持”的矛盾，使得企业在“选才、育才、用才”上时常左右为难。

笔者认为，在用人之前，需要用动态的视角看待人才。人才是复杂的，应看作资产，而非成本。资产不仅有优劣之分，还有经营的必要。正如华为的创始人任正非所说：“人才不是核心竞争力，对人才的管理才是华为的核心竞争力。”

读完本书，你会发现，选对人、用好人，绝不仅仅靠运气或天赋，它是一门你可以掌握并且持续精进的科学方法。

目录

第一部分

识人才：
如何由表及里读懂人性？

人性的弱点，妒忌、怯弱、自私、虚荣，乃至人性的优点，勇敢、忠实、虔诚，全部被调动出来，成为可怕的动力。——冯骥才《一百个人的十年》

笔者在第一部分将拆解人性的秘密，帮助读者消除对人才的常见误区和盲区。通过透镜般的视角，管理者可以更全面、更深入地了解身边那些看似熟悉却可能被忽视的上级、同事和下级的情绪。这种深度洞察不仅能让我们看到每一个鲜活个体的独特之处，为团队合作提供更坚实的基础，还能更好地发挥人才优势。

选对人，用好人

第一章
个性特征：千人千面的行为模式

“思想决定行为，行为决定习惯，习惯决定性格，性格决定命运。”不同性格的人，有截然不同的行为模式。我们在评价员工时，虽然也能关注到他们的性格特征，但有些性格特征往往藏得很深，只露出冰山一角。在这一章中，我们将介绍个人特征最底层的完整“图纸”，并介绍这些特征是如何影响工作表现的。

宜人性：不会说“不”的人

杨蕾因业绩突出，被提拔为部门经理，很快发现以往自己为人友善、换位思考的优点，给她带来了许多新的问题。她希望在工作时能尽量满足每一位员工的需求，希望工作氛围是和谐友好的，但现实是工作开展得十分不顺利。

在一次项目会议上，因为争夺项目资源，两位下属产生了分歧，在现场直接吵了起来。杨蕾感到前所未有的压力，想努力缓和气氛："不管资源是分配到哪个组，我们最终都是一个整体，大家能不能坐下来谈，各让一步。"但每个人都认为自己的项目更重要，希望公司优先考虑，于是现场变成了"谁的项目更重要"的辩论赛。结果跟往常一样，会议不欢而散。其中一个平日跟她关系不错的下属还迁怒于她，说："你为什么每次都在那里和稀泥呢？我有好几个项目都因为你的优柔寡断推迟了。"

杨蕾非常惊讶，她已经非常努力地帮助下属们解决问题了，一直在尽量考虑他们的难处，为什么他们还不理解她的苦心呢？

不同宜人性水平员工适合的工作

谁是宜人性高的人，我们可以从沟通中初步判断，比如与这人交流是否愉快、是否顺畅。正如上述故事中的杨蕾，宜人性高的人通常待人亲切、友善，会主动关心他人，他们喜爱和谐的人际关系，更倾向于避免人际冲突。相反，宜人性低的人，更关注自己的利益，甚至可以完全不顾及他人，不会刻意回避冲突，有不满就直说，让人觉得有些冷漠无情。

宜人性高的人通常比较善良、懂得关心他人、有较好的合作精神和同理心，比较适合维护关系类的工作，比如客户服务、人力资源、医疗护理和行政等工作。他们不太适合从事需要无视他人感受、容易引发冲突的工作，比如强硬说服型销售、要求他人严格执行规则，以及竞争特别激烈的岗位等。

宜人性低的人，做事时不太会顾及他人的感受，给人一种直率甚至有点挑剔的印象。这种类型的人比较适合那些需要摆脱人际关系压力，能够独立发表意见和见解的工作，如律师、财务等。以上总结如表 1-1 所示。

表 1-1　不同宜人性水平员工适合的工作参考

宜人性水平	更适合的工作	不适合的工作
宜人性高	**维护关系和支持类的工作**，如客户服务、员工关系管理、客户关系管理、医护等	**需频繁面临人际冲突的工作**，如强硬说服型销售、审计、规章执行督察员、高竞争性岗位工作等
宜人性低	**不受人际关系影响类的工作**，如技术研发、财务类工作、法律事务工作等	**人际关系决定工作绩效的工作**，如客户服务、心理咨询、需频繁协调的跨部门团队负责人等

任用宜人性高的员工有什么风险?

我们都很喜欢与宜人性高的人相处，欣赏他们让人如沐春风的一面，但容易忽略宜人性过高的员工的任用风险。正如开头新晋管理者杨蕾一样，一旦这个岗位容易产生人际冲突，宜人性高反而成了缺点，因为他们常常“遇事就退”。下面就以管理者为例，我们一起看看宜人性高的员工在不合适的岗位上可能出现的问题。

宜人性高的管理者，通常会在下面四种管理常见的情境中遇到挑战。

（1）绩效反馈

特别是当员工绩效差，需要他们给出负面评价和改进建议时，他们往往会担心伤害到员工的感情，以至于反馈得过于委婉，无法让员工清楚地了解到自己的不足。

（2）协调冲突

遇到内部任务资源分配、下属出现矛盾时，需要他们去协调。但他们双方都不想得罪，这种做法往往会吃力不讨好，还会让员工觉得管理者无能。

（3）争取资源

管理者带领团队向上要资源的时候，一旦与其他团队发生冲突，或者遭到高层拒绝，他们很容易就知难而退。甚至某些宜人性高的管理者会主动避免这类情境，让员工觉得领导不怎么为团队考虑，对领导感到失望。

（4）树立团队权威

因为他们过于随和友善，会被下属当作好朋友而非管理者，导致无法树立起权威感。

是不是宜人性过高的人就不适合做管理者呢？

不一定，只能说宜人性过高的人，最佳岗位匹配并不是这种人际冲突频繁的岗位，因为性格会拖累他们。但是，我们可以用一些方式去避免性格带来的负面影响，比如引入公正的第三方。

第三方可以是公正的人、规则或共同的利益，比如建立一个解决团队资源分配的规则，避免冲突产生，或者让宜人性高的员工站在更大利益的角度思考问题——绩效反馈是为了帮助员工成长，销售是为了提供给客户帮助他们解决问题的产品等。这样，反而可以发挥他们宜人性高的优势。

人际倾向：如何平衡“社牛”和“社恐”的工作?

某公司的销售业绩最近半年下滑得很厉害，销售副总认为销售经理李华用人有问题，让他不要总是找那些能言善道、性格外向的销售人员。副总凭着多年的经验推荐了看上去沉默寡言、性格内向的销售员小张。副总说：“虽然小张性格内向了点，但动力很足，他对销售工作很有热情，也特别希望能赚到钱，可以试一试。”

李华很纠结，觉得这种社恐怎么可能做好销售，但迫于无奈，也只得先让他做着，如果试用期没有做出业绩，就立刻让他走人。但跟小张一起见了几次客户之后，他发现小张身上有一些优点。第一次接触客户的时候，他是真的不会跟客户套近乎，显得没有那么热情。但在跟客户的沟通中，他总是很耐心地听客户说什么，很认真地了解客户的实际需求，仔细思考过后，才会给客户提出建议和方案。而不像那些外向的销售，有时会打断客户的话，而且一门心思想着怎么说服客户。他还发现，虽然小张每见一个客户都有点紧张，但总是一个人默默地提前查询客户信息，结合信息给客户提供的方案总是让客户觉得是专门为他们量身定制的，反而能逐渐赢得客户的认可和信赖。

不到三个月，小张当月的业绩就追上了老销售员，虽然客户数量不多，但是跟客户的关系经营得比较深，客户似乎更信赖他。这让销售经理李华不得不承认，原来性格内向也能做好销售。

内向和外向

内向的人和外向的人几乎可以一眼看出来，特别是在社交场景中。内向的人，在人群中很难舒适地展现自我，很腼腆害羞，陌生的社交活动对他们来说是一种能量的损耗，比如打陌生电话、跟陌生人聊天、在人群中展现自我等，所以他们会主动回避这种场景；外向的人，正好相反，他们给人的感觉是活泼开朗，很喜欢在人群中表现，甚至有点“人来疯”，如果刚好他们的宜人性又低的话，就会因为太疯而打扰到他人。

内、外向的人在与人交往中的表现差异如此明显，我们常常会简单地认为内向的人不适合从事需要与人密切沟通的工作，比如销售、公关、HR、外联等。事实也确实如我们所想，外向的人在开展这种与人交往密切的工作时有天生优势。但也不排除有一小部分销售人员是性格内向的，这是为什么呢？原来内向和外向，本质上是个体对外界刺激的感官敏感度，内向的人敏感度很高，陌生的人、环境、信息都会让他们感到刺激过度，所以他们经常会觉得精力耗尽，心很累。

以销售为例，内向的人在刚开始接触这种工作的时候，因为不愿意接触陌生人，需要更长的时间来适应与他人相处。但是正是因为他们不喜欢与陌生人沟通，在沟通之前会纠结思虑，这个过程才能让他们提前深思熟虑，考虑到各种在交流中可能出现的情况。对于很多内向者来说，他们反而会比外向者考虑问题更全面，虽然表面上不动声色，但建立的人际关系可能会更深、更稳固。

一定要说服他人和顺从听话

在人际倾向中，还有一种非常明显的判别标准：愿不愿意说服他人。说服意愿强的人，心理的假设是：我是对的，你是错的，所以我一定要告诉你正确的是什么样的。这种员工遇事非常有攻击性，喜欢指挥别人做事情。而不喜欢说服他人的人，即使跟别人意见不一样，也不会强行要求别人按照他想的去做，通常会让人感觉谦虚和顺从。

有些工作天然适合说服意愿强的人，比如律师、咨询顾问、管理者等，他们在人际沟通中需要发表自己的观点，进行影响式沟通。管理者在绝大多数情况下，都在做说服的工作，比如安排任务、协调同事、向上级争取资源等，一个说服意愿弱的管理者，会发现工作推动异常困难，因为他们本来就不愿意说服他人。以上总结如表 1-2 所示。

表 1-2 不同说服意愿水平员工适合的工作参考

说服意愿水平	更适合的工作
说服意愿强	**需要影响他人且接触陌生环境较多的工作**，如销售、管理者、律师、培训师等
说服意愿弱	**无须影响他人，靠一个人也可以做好的工作**，如研究人员、作家、工程师、技术员、程序员、文员等

情绪风格：能不能给员工“压担子”？

情绪风格往往决定一个人在面对压力和挑战时的表现。当时间紧、任务重、压力巨大时，有些员工难以应对，而另一些员工却能在逆境中成长，跻身更高梯队。了解员工对待难题时的情绪处理风格，对于合理分配工作任务、发挥员工潜力至关重要。

一次失败的业务管理者晋升

优秀的一线业务负责人是可遇不可求的。

外贸公司 A 的新业务发展很快，老板李总一直在物色合适的业务负责人人选。他相信优秀的业务负责人一定来自一线优秀的业务员。新员工小张很快进入李总的视野，他在不到一年的时间里，已经熟练掌握了公司复杂的外贸业务。小张干事非常利落、有冲劲，又勤奋好学肯吃苦，连续几个季度业绩高速增长，远超其他业务员，还独立签订了几个重要合同。而且小张还年轻、学习速度快、业务能力强，于是李总觉得就是他了，让他开始带团队、管业务，并对他抱有很高的期待。

受到老板器重，小张很受鼓舞。刚上任的时候，他意气风发，准备大干一场。刚开始业绩还算平稳，但几个月后，李总发现虽然小张每天依然忙得不可开交，但业绩每月都在下滑。李总从侧面了解到，因为近期的市场行情大不如前，小张压力很大。每当销售进度推进不如预期时，他就会变得焦躁不安。他带的团队也逐渐暴露出一些问题：团队士气低落，既不主动跟进客户，也不积极寻找新的突破口。

小张也对团队的业绩很不满意，在销售例会上经常很急躁，进度落后时严厉指责员工，甚至破口大骂。在一次部门例会上，有员工建议，既然原来的方法没用，是不是可以尝试用一些新方法设计销售策略。小张完全没耐心听他讲完，马上打断，他满脑子都是不断下降的业绩和李总的期待，情绪顿时激动起来，指责该员工不好好跟进客户，天天想着投机取巧。这让提出建议的员工非常委屈，其他员工站在一旁也都不敢说话。还有一次，大家一起盘点客户到凌晨，因为某个员工记错了一个信息，他马上大发雷霆，骂员工是“猪脑子”，气得那位员工当场提出辞职。

久而久之，团队的氛围越来越压抑，大家都不愿意主动跟小张沟通，丧失工作激情，业绩持续下滑。业绩越差，小张发脾气的次数就越多，如此形成恶性循环。团队士气持续低迷，完全没有团队成立之初的干劲，一些核心老员工也开始考虑离职。

为什么一个优秀的业务员小张不能成为一个优秀的业务管理人员呢？这就涉及个人贡献者到团队管理者的一个关键跨越——从管事到管人。管人的重点不仅仅是提升个人业绩，更重要的是带领团队成功！市场行情好的时候，就像涨潮，水涨船高，不容易看出业务管理者的价值。只有当潮水退去时，你才会知道谁一直在裸泳。

退潮期的团队管理者，首先要控制好自己的情绪，自己都站不稳，怎么去扶别人？他们需要调整自己、激励自己，还要能激励团队，让团队成员重拾信心，走出困境。而小张的表现恰恰相反，因为情绪问题，他变成了团队的定时炸弹。

情绪稳定性高的人，遇到问题不会过于激动。他们不会过分担忧潜在的风险，不让自己被情绪控制，更能镇定自若地处理问题。而情绪稳定性低的人，就像小张一样，遇事喜怒无常，特别是压力一大，就会过于焦虑和易怒，人际交往能力稍差一点的人，马上就会把周围的关系搞得一团糟。所以，我们在选择团队管理者的时候，最好能提前了解员工的情绪稳定性。

那如何识别一个人的情绪稳定性是高还是低呢？

如何识别一个人的情绪稳定性？

假以时日，情绪稳定性总会在不经意间流露。但很多时候，我们没那么多时间，希望能快速识别。运用性格测评工具是一种方法，但没有测评工具的时候，图 1-1 所示的四个方面的参考线索可以帮助我们快速做出科学判断。注意，并不是每一条线索都能确定情绪是否稳定，但下面的特点表现越多，就越能做出更正确的判断。

图 1-1　情绪稳定性的四条参考线索

（1）简历

看简历，关注他们工作经历的连续性和持续时间。尤其是当两段工作经历之间的差异明显，或者某个工作周期异常短暂时，这可能是一个值得注意的信号。工作内容的显著差异或频繁的短期离职，可能暗示候选人倾向于冲动行为。因此，我们在面试的时候，可以重点询问他们离职或者换工作的原因。

（2）外表

看外表，最简单直接的是观察他们的表情和衣着。显得紧张或较为严肃的人，可能情绪稳定性偏低，当我们跟他们交谈的时候，能够明显感觉到对方表情或者肢体动作僵硬。心理学研究发现，偏好穿着深色衣物的人与情绪不稳定这个特质有一定相关性，这可以作为辅助参考的一条外部线索。

（3）语言

看语言，关注他们说话时的情绪风格和语言内容。情绪风格比较消极，总是感觉自己遭到不合适的对待，或者比起别人更容易感受到周围敌意的人群，情绪稳定性较低。说话表达不是很顺畅流利，或者感觉他们不太爱说话，过于沉默，也不太愿意透露过多的个人信息，这些也是情绪稳定性低的特征。

（4）互动

看互动，这个阶段我们可以有意识地去设计与他们的沟通。情绪稳定性低的人，在挑战或压力情境下容易激动，甚至做出不理性的行为。他们对评价非常敏感，即使是中性评价，也会被认为是带有贬义的。比如你评价他们某一项工作做得还行的时候，大多数人认为这是表扬，但他们常常会觉得这是在说他们做得不够好，或是在批评指责自己。这个时候，我们可以设计一些压力面试的环节，比如提出简历上的疑点让他们解释，或者用某一段看上去并不出彩的经历质疑他们为何做成这样，观察他们的反应。

高情绪稳定性员工的风险

情绪稳定的员工，做事沉稳淡定，给人感觉非常可靠。他们遇事不慌不忙，不容易受到外界影响，管理者把工作交给他们总是很放心。遇到有挑战性的工作，他们通常也会平静地提出自己的诉求和想法，不会情绪激动地指责、抱怨。

笔者在跟很多管理者讨论下属的工作风格时，时常听到他们对情绪不稳定员工的诸多抱怨，要帮他们收拾因为沟通问题惹出的烂摊子。但是很少有人关注情绪稳定性高的员工的风险。

情绪稳定性过高的员工，因为过于自洽，不容易受到外界的干扰，跟情绪不稳定的员工相反，他们通常对负面反馈并不上心，所以他们改变的意愿没有那么强烈，有时候会让人觉得故步自封。虽然对于情绪稳定性高的员工，绝大多数岗位都是适合的，但我们需要特别注意那些超出他们能力范围的工作，对这部分工作，他们改变的意愿比较低，也不会被批评指责影响。因为他们情绪比较稳定，所以管理者会有一种错觉，觉得他们什么事都能扛下。当情绪稳定性低的员工一天三次焦虑地申请资源时，情绪稳定性高的员工可能三天都没有一次消息。所以，当我们管理情绪稳定性高的员工时，一定要以终为始地确立业绩目标，及时发现他们的业绩差距和能力短板，对他们提出要求，让他们给出承诺。

情绪易感员工适合的工作

心理学研究发现，情绪稳定性这一特质很大一部分来自基因和遗传。那些情绪特别敏感的人，天生就容易紧张，一遇到压力或威胁时，身体就会自动分泌让人更容易感到焦虑的激素，如皮质醇。不过，只要能让员工了解自己的特点，有意识地调整行为，就能改变其对刺激的反应，减少情绪问题带来的麻烦，还能把情绪敏感这个特质变成优势。情绪易感好坏参半，情绪易感人群的优劣势如图 1-2 所示。

图 1-2　情绪易感人群的优劣势

情绪易感员工的优势是具有极强的感染力和敏锐的风险感知能力，有两类工作特别适合他们。

第一类是需要情绪感染力的工作，比如培训讲师、主持人等。在保证基本的专业素养的前提下，这种情绪上的感染力，反而会让他们呈现出一种独特的魅力，对受众展现出最佳影响力。第二类是风险防范类的工作，比如审计、风控或者重要的安全岗位，因为对威胁易感的特质，他们天然就是一个危险的提示器。

培训讲师或者主持人等类似需要调动观众情绪的岗位，首先要调动自己的情绪，因为真情实感最动人。你见过在现场一直平静如水的讲师或者主持人吗？他们或许可以完成既定的任务，但是一定不是那个最优秀的、最拔尖的、能达到“金牌”水平的讲师或主持人。要达到出色的水平，除了努力，还需要天赋，培训讲师或者主持人的天赋就是天生的情绪感染能力。

而风险防范类的工作，会激活情绪易感员工自带的警报系统。这类工作通常需要高度的警觉性和对潜在风险的敏感度。对于情绪易感的员工来说，他们的本能反应让他们在识别和应对潜在威胁方面表现出超乎寻常的能力。在威胁出现苗头的时候，他们就已经感觉到紧张了，他们对于风险监控的“雷达”是如此灵敏。面对各类风险，无论是安全威胁、数字隐患还是任务进度的问题，他们都能表现出高度敏感性，从而能够提前筹划、防患于未然。

因此，对于情绪易感的员工，只要把他们放到合适的位置，他们通常会超水平发挥。他们还有一个特别的优势——改变意愿强烈，因为他们对负面反馈非常敏感，为了不再受到批评，他们甚至愿意改变自己的固有习惯。

回到本节开头的业务管理者小张，是不是我们要得出情绪稳定性低的人不适合做领导的结论呢？绝对不是。我们可以发现很多有魅力的管理者都是极富情绪感染力的，他们能够有效地传达公司愿景，展现个人的热情，激励团队朝着共同的目标努力。因此，对于小张来说，现阶段重要的是提升自我认知，了解自己情绪问题对团队可能造成的负面影响。只有先知道自己的问题，承认自己的问题，才能做出改变。通过学习情绪管理技能，小张可以更好地控制自己的情绪反应，同时运用合适的团队管理技巧，将潜在的缺点转化为团队管理的优势。

开放性：一切皆有可能，还是自我设限？

在快速变化的商业环境中，员工对新事物的态度很重要。有些员工愿意拥抱变化，有些员工则比较保守，可能成为变革的阻力。这种差别在推行新项目时特别明显。管理者需要了解员工为什么会抗拒变化，特别是哪些抗拒可能是员工本身性格带来的，提前做好应对准备。

好想法为什么难以执行？

王总是一家小型科技初创公司的老板，最近想通过数字化工具提升管理效率和客户满意度，他把这个任务交给了脑子灵活的项目经理王薇。刚好王薇也一直在了解效率工具，她本就对数字化工具很感兴趣，认为这是提升公司管理运营效率的一个利器，于是她毫不犹豫地接下了这个任务。

在公司大会上，王总激情洋溢地展望运用数字化工具的前景，让大家全力配合数字化项目。会后，王薇开始着手推进这一项目，但她很快发现，公司内部对这件事的接受度远低于预期。许多团队成员，包括经验丰富的小李和技术骨干小张，都表达了对数字化工具的担忧和抵触。小李说："我们原先的流程已经足够好了，为什么要冒这个险？有这个必要吗？"小张则表示："新系统可能会带来很多技术问题，成本也不低吧？我们准备好了吗？老板有时候想法就是特别多，你也不要听风就是雨。"

尽管遭到反对，王薇依然决定推进试点项目。然而，由于新工具需要重新梳理业务流程，大家配合度不高，又缺乏足够的相关培训，项目进展非常缓慢。

一个月后，王总询问项目进度时，王薇不得不说进展不尽如人意。王总感到惊讶和失望，他原以为自己的动员可以让项目推进顺利一些。可后面陆陆续续有老员工“告状”，比如说王薇总是注重形式，盲目引入工具，都没有全面了解清楚以前的流程和做法，有些流程并不适合，或是她创新的想法很多，但是没有扎扎实实地处理项目细节。

这让王总很疑惑：王薇已经是公司最有想法、能力最强的项目经理了，为什么项目还是推动不下去呢？王总遇到的问题除了项目推动方面的，还有团队中出现的开放性冲突。

面对变化的两种反应

开放性高的员工好奇心特别强，总是主动学习新东西，想象力丰富，乐意接受改变。他们通常会比其他人表现出更强的求知欲，特别有主见和想法。他们就像“点子大王”，对新事物充满好奇，甚至会主动寻求变化。在一个岗位工作熟练之后，他们可能会想尝试新的岗位。当管理者遇到问题、需要新思路时，通常第一个想到的是他们。他们不仅不会拒绝，还会给出让人意想不到的解决办法。

而开放性较低的员工，通常可能会被贴上“保守”“思维不灵活”“做事没想法”等标签。面对不熟悉的事务，他们的第一反应往往是拒绝，他们更倾向于按照熟悉的方法和原则办事。和他们沟通时，管理者会觉得他们的思路有点局限，总是提到过去的做法和规则。大多数情况下，他们接受任务时，首先想到的是这件事的具体细节如何执行，一旦与过往的做法有差异，就会当场弄明白。因此，在推行创新项目的时候，他们通常会变成“阻力”。

开放性水平不同的员工对新事物展现出两种截然不同的态度，如图 1-3 所示。

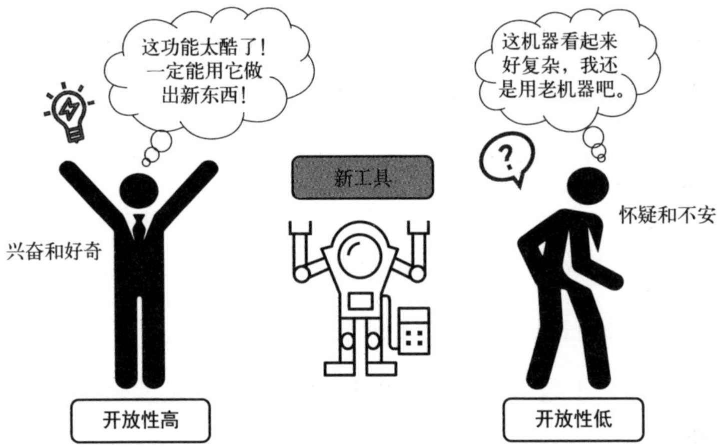

图 1-3　开放性水平不同的员工对新事物展现的态度

如何让团队认可未来的可能性？

面对变化，大多数人都是拒绝的。走出舒适区，改变原有的工作方式，对于开放性低的员工来说更难接受，特别是那些长期从事按部就班工作的员工，更容易表现出较低的开放性。虽然他们可能想不到什么新点子，但他们特别擅长设计具体的执行计划，能够主动去琢磨怎么把事情一步步落实，反而可以保障新点子的实施。

要让新想法顺利落地，避免开放性低的员工产生抵触情绪，可以试试以下三个方法：

第一，用“操作手册式培训”替代“概念宣导”。

开放性低的员工对模糊的愿景无感，但对具体的操作步骤极度敏感。以推行数字化工具为例，与其大谈效率提升，不如培训时重点对比新旧流程耗时数据，例如，过去手工录入需 2 小时，新工具导入 Excel 模板后 5 分钟自动生成。更关键的是提前预设“安全网”——如果新系统发生故障，可一键切换回旧流程，所有数据自动备份。当未知风险被转化为可控风险时，他们的抗拒便会松动。

第二，小范围局部试点，把试点变成“大家来找茬”的现场。

利用他们的怀疑精神，将这种特质转化为项目优化的助力。在小范围试点阶段，我们邀请他们担任“风险监督员”。例如，让财务部的王会计每天对比新旧系统报表的差异，或让生产部的李师傅核查电子设备与人工质检的结果匹配度。一周后召开“吐槽大会”，将他们发现的问题按优先级排序，当场宣布：“王会计反映的数据不同步问题，我们增加了二次校验功能；针对李师傅反馈的误报次数多的问题，技术团队将调整参数。”用“挑刺”反向完善方案。

第三，增强参与感，保留他们的舒适区。

开放性低的员工往往非常依赖既定流程。聪明的做法不是改变他们的习惯，而是把新方案“嫁接”到旧框架上。比如，可以允许他们继续使用原有的 Excel 任务表，但设置“每晚 8 点自动同步数据至新系统”；在新流程中保留他们熟悉的“晨会 10 分钟口头汇报”环节，同时逐步引导其进行线上同步。这种“改良而非革命”的节奏，能让他们从“被迫改变”转变为“主动适应”。

对于管理者来说，可以把这些员工看作保险绳——他们可能不会照单全收，却也防止了系统因失控而崩溃。当很多人高喊“为什么不能更快”时，正是这些“保守派”在默默排查每一个可能导致翻车的问题。善用他们的保守和细节把控力，新想法落地的成功率反而会提升。

尽责性：与工作绩效相关程度最高的个性特质

你或许想不到：一个员工是否靠谱，可能早在入职第一周就能被预测——一张文件堆放整齐的桌子，或是一份永远提前三天提交的报告，都在展现他们的尽责性。这种藏在细节里的特质，既能成为团队最稳的压舱石，也可能让管理者提心吊胆。

有序尽责和灵活多变

如果你见到一个很有时间观念、办公桌非常整齐、凡事喜欢做计划又非常关注工作细节的员工，这大概率是一个尽责性很高的员工。西方的心理学研究发现，尽责性是性格里面唯一与绩效有 0.3 左右相关度的个性特质。一个非常有意思的现象是，我们国家也常常把员工的责任心放在首位。

尽责性高的人喜欢列时间表，一步步严谨地安排工作，同时能关注到细节，让人感觉这人做事非常靠谱，他们是那种凡事有交代、件件有着落的员工。而尽责性低的人喜欢即兴创作，做任何事都喜欢随机应变，他们的口头禅是“船到桥头自然直”“今朝有酒今朝醉”，不管他们实际的任务完成情况如何，总会让管理者有一种失控的感觉。

以上尽责性水平不同的员工适合的工作总结如表 1-3 所示。

表 1-3 尽责性水平不同的员工适合的工作

尽责性水平	更适合的工作
尽责性高	项目管理、质量控制、法律合规、客户管理、规则导向文化的管理者
尽责性低	创意设计、艺术与表演、教育和培训等没有特别多条条框框的工作

为什么尽责性与工作绩效关联度最高？

如今绝大多数岗位都有清晰的分工、标准的操作步骤，以及明确的时间节点——这种工作模式，几乎是为尽责性高的员工量身定制的，在越是偏向执行性质的岗位上，这种情况越明显。当你把任务交给一个员工后，发现他把工作理得清清楚楚，动手前先列计划，过程中还会关注到很多你可能没想到的细节，最后交上一份挑不出错的成果，你会怎么想？你大概率会感叹："这人太靠谱了！"这就是尽责性与工作绩效关联的由来，这也解释了为什么管理者总对这类员工青睐有加。

后天学习的效率工具，如时间管理、工作计划管理等，可以弥补一部分尽责性低带来的问题。但是如果我们想找到天生尽责性高的员工，不妨从以下三个外显特征入手。

（1）看环境

他们的工位往往自带"秩序感"——物品有序分类，比如图书、电脑、其他办公用品等，在工位上都整整齐齐地分类放置，电脑线缆用理线器固定，甚至连水杯的摆放位置都常年不变。无论是外表还是周围的环境，他们通常会给人留下清爽、整洁的第一印象，让人觉得此人做事井井有条。

（2）看语言

他们的语言会高频出现"计划""目标""截止时间""标

准”等词语。因为他们不喜欢模糊，习惯跟人确认目标和计划，比如说“我们接下来要做什么”“我们这次会议要明确的是什么内容”；或是讨论任务时，他们不仅会关注目标，更会本能地拆解步骤：“这件事需要分三阶段推进，第一阶段重点解决资源对接问题……”

（3）看行为

他们很少迟到，即使偶尔迟到也会感觉很懊恼；喜欢按照规章制度办事；有自己习惯的效率工具，比如日程本；对工作的跟进很及时，即使没有人要求，他们也会主动记录接下来的进程。

第二章

认知能力：保持工作水准的大脑潜力

为什么有些员工一点即通，有些反复指导仍难以掌握要领？有些人的思维如跑车般敏捷高效，有些却似老旧卡车般迟滞费劲。本章将从认知能力与岗位适配性的角度切入，揭示现代职场中多数岗位（尤其是知识密集型工作）的核心胜任要素——认知能力。

为什么单凭态度不能做好工作？

王总在市场上打拼多年，目前公司业务进入快速发展时期，需要提前为业务开展储备好人才。他本人并没有上过多少学，学历不高，但做事敢闯敢拼，才会有今天这样的成就。所以他招人并不过分看重学历，更看重员工的工作态度。他的口头禅是：“能力不行可以培养，但态度不好的员工一定不能用。”最近王总新招了一个应届生小白，虽然他的学历和学校不如其他人，但面试时态度非常好，看上去非常积极主动。王总认为应届毕业生就是一张白纸，好好栽培都能成才，于是给了小白一个工作机会。

小白入职后工作很主动，性格也讨人喜欢，但是做事总是不尽如人意。每次主管给他安排任务，他至少要返工三到四次才能达到工作要求。在新员工培训时，他学习公司业务知识也有些吃力，事后往往需要花很长时间消化。小白对工作的理解和执行总是有偏差，入职这几个月因为工作成果老是达不到要求，有时只能让其他同事善后，所以带他的主管频频吐槽。

王总刚开始觉得是主管不会带人，后来发现小白确实学习速度很慢。虽然他态度好，肯学习，但交代给他的很多事情他很难真正理解，有时候就算手把手教会了，遇到同类事情也想不到举一反三。就这样过了一年，同期入职的大学生都可以独当一面了，小白还只能做一些基础的事务性工作，成长速度非常缓慢！这让王总陷入沉思：为什么员工的态度那么好，但就是培养不起来呢？

虽说三百六十行，行行出状元，但什么时候能出状元？是少年得志，还是大器晚成？这取决于一个人认知能力的高低，通俗称为智商水平，这个能力决定了员工学习知识和新技能的速度。

认知能力，复杂信息时代工作的基础

认知能力不能简单理解成智商水平，它指的是人脑在加工、储存和提取信息的过程中，所展现的关于信息的知觉、记忆、判断和推理的能力（美国心理学家奈瑟尔在其著作《认知心理学》中的定义）。当今商业社会，信息爆炸，任何工作几乎都可以轻而易举地找到相关的信息，因此能不能快速理解复杂信息并将其应用于工作，以出色地达成目标，已成为优秀人才和普通人才的分界线之一。比如看到 AI 技术，是难以理解，还是利用 AI 提高工作效率呢？

在知识时代，难以理解文字信息、无法解读数据含义的员工几乎寸步难行，而更为抽象的概念则是无论从事技术、产品、销售、客服还是管理工作，想要向更高层次发展所必须掌握的核心能力。

认知能力水平如何影响员工的表现呢？

认知能力水平的高低决定了一个员工学习的速度是快还是慢，是否能集中注意力专注高效地完成工作，能不能记清楚你给他安排的任务，当环境和业务发生变化时他如何去理解复杂、不确定的信息，他分析问题的逻辑是不是清晰，能不能很快理解工作中的各种数据，汇报工作的时候能不能把问题说清楚，等等。

如果一个员工上述表现都很好，那么我们可以预判，这个员工基本的工作任务应该能做得不错。如果这个员工恰巧还是一个职场新人的话，你就捡到宝了！我们通常会认为他们“有灵性”“聪明”“有悟性”等。而实际也是如此，有研究表明，认知能力水平高的员工在工作的头三年，比认知能力水平低的员工有更高的绩效表现：他们的工作领悟力更强，能够快速理解公司业务跟自己岗位之间的关联，处理工作任务的速度很快，即使遇到从来没有接触过的陌生信息，他们的学习速度和深度也都明显高于普通员工。

但随着年龄增大，认知能力会逐步下降，如图 2-1 所示。认知能力水平最高的时期，通常是学生参加工作之后的十年内，在这十年的时间里，员工快速学习、积累经验、提升技能，发展他们的晶体智力（通过经验和教育积累的知识和技能），利用经验去解决问题。

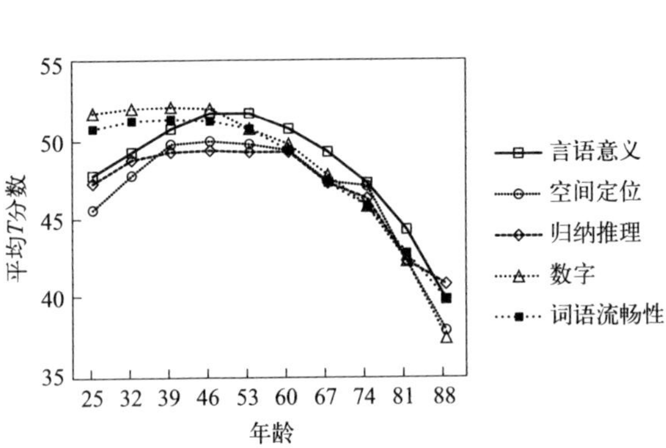

图 2-1 五种主要认知能力与年龄的关系图

数据来源：Schaie（2004）西雅图纵向研究

不要期待一个快四十岁的员工重新学习新知识，他们对信息的理解速度、深度都会明显下滑，注意力也会明显分散。员工在 40 岁时，数字理解和词语流畅性的能力达到最高峰。而对言语意义的理解和归纳推理等在员工 46 岁左右达到高峰，之后逐步下滑。

因此，在什么年龄做什么事，如果岗位需要处理复杂信息，无论是复杂文字还是复杂数据，我们都要选认知能力水平高的员工，当他们年轻时，可以快速学习。随着年龄增长，我们能运用的就是他们丰富的经验和判断力。

理解三种认知能力，发挥员工智力的潜能

某科技公司新推出的智能手表的销售量远低于预期，老板召集了员工小红、小黄和小蓝开会，讨论销量低的原因。

小红说："我看了客户在产品评论区的反馈，很多用户在提到使用体验时，经常提出界面复杂和功能难以理解的问题。他们特别提到，对于健康监测功能的描述，他们完全看不懂，不知道怎样启用该功能或解读数据。我们的产品说明书和促销材料传达的关键信息不够清晰和简单，客户理解不了。"

小黄说："我梳理了产品从开发到上市的整个过程，发现关键在于没有充分考虑用户的实际需求。比如，我们过分强调技术，忽略了产品的易用性，这对于那些非技术用户来说是一个大

问题。”

小蓝说：“我分析了销售数据，尽管整体销量不佳，但在一些高端健康意识强的消费群体中，销量还不错。我们可以从数据上验证一下，针对高端市场推出定制化的营销策略来提高销量。我建立了一个数据模型进行模拟，如果我们调整价格策略，可能年轻的消费者会增加购买量。”

解决问题的第一步在于分析问题，这里我们用小红代表言语推理能力、小黄代表逻辑推理能力、小蓝代表数字推理能力，通过文字理解、逻辑推理和数据洞察，多角度拆解问题的成因，找到解决方法。

但具备全面认知能力的高智商员工也遵循二八法则，多数员工可能都“偏科”，深入了解“偏科”的表现，找到他们擅长的推理能力，仍然可以发挥他们的优势。

① 言语推理能力，体现了员工在理解、分析和推理语言信息，包括处理文字材料、理解分析语言等方面的能力。

言语推理能力几乎涵盖了现在所有知识工作的内容，包括阅读整理会议纪要、写工作报告、理解分析各种商业文书、与客户用文字沟通交流等。言语推理能力弱的员工，在很多工作任务的执行上，会有明显的短板，因为大多数高质量的信息通过文字传播。这种能力，对于以文字工作为生的岗位，如市场策划、文案、秘书、作家等尤为重要。

② 逻辑推理能力，顾名思义，就是逻辑思维能力，它体现了员工在分析和解决问题的过程中所具备的推理能力。

逻辑推理能力强的员工，让人印象最深刻的就是“依葫芦画瓢”的能力。即使他们以前没有做过，但只要你告诉他们最终想要的工作成果是什么样的，他们就能运用强大的逻辑分析能力快速理解现有信息，分析你要的最终结果，对比以前的经验举一反三，照猫画虎给你完成得七七八八。但逻辑推理能力弱的员工，同样条件下最多完成三成工作，除非手把手分步骤讲解得清清楚楚、明明白白，才有可能达到你的期待。逻辑推理能力弱的员工，大多数工作可以花时间勤加锻炼，通过熟能生巧来弥补，但是对于需要大量接触陌生信息并分析判断的岗位，如产品经理、技术研发等，他们不太适合。

③ 数字推理能力，其基础是对数据的敏感度和数据分析处理能力，涉及对所有数据信息的理解和分析，如趋势图、各种统计报表等。

数字推理能力强的员工，对数字信息非常敏感，能够一眼发现数据的问题，快速察觉到数据的变化，预测未来的数据趋势和结果。而数字推理能力弱的员工，通常无视数据差异，也经常搞不清楚数据关系，更谈不上如何去推断趋势了。显而易见，这种能力对于财务、运营、市场类岗位是刚需，甚至在当今的数字化时代也是一个重要的基础能力。

以上三项总结如表 2-1 所示。

表 2-1　不同认知能力的员工适合的岗位

认知能力类型	适合岗位
言语推理能力	市场策划、文案、秘书、作家等
逻辑推理能力	产品经理、技术研发等
数字推理能力	财务、运营、市场类的岗位

如何快速判断一个员工的认知能力？

当我们说一个员工很聪明、脑子灵光、做事速度快等，其实是在说他们的认知能力水平高。认知能力评价是心理学领域最早运用测评工具评价的行为，后面第九章，我们会讲到如何运用心理测评工具去评估员工的认知能力水平，但如果不借助工具，如何通过一些简单有效的方法快速识别一个员工的认知能力呢？

（1）看求学经历

认知能力是跟学业成绩相关度最高的一种能力，如果一个员工从小学习成绩优秀，比如考上了重点学校，在校期间学习成绩分数高，特别是数学类学科的分数高，基本上可以推断这个员工的认知能力水平不低。因此，很多企业在应届生筛选的时候，重视对方的毕业院校，特别是本科毕业院校，经过了高考这一实打实的认知能力比拼，这样的员工基本上能满足绝大多数工作的要求。

（2）看工作沟通

用学校去判断认知能力，也可能排除一些认知能力水平高，但高考没发挥好的学生，因为学业成绩可能跟家庭环境和学习习惯有关。我们在日常沟通中，也可以有意识地了解员工通过沟通表达展现出来的认知能力。比如他在沟通中是否能很容易理解他人想表达的内容，是否能准确清晰地归纳他人的观点，是否能快速理解甚至还能举一反三地表达自己的想法，等等。这些都是他们认知能力在沟通中的体现。

（3）看个人爱好

聪明人的爱好，往往也是很费脑的。对于认知能力水平高的人，费脑子的活动反而是一种有趣的游戏。如果你发现员工玩游戏时喜欢密室逃脱，看电影时喜欢悬疑破案，看书时喜欢啃晦涩艰深的书籍，那么很有可能，他们的认知能力水平很高，因为这些爱好对于认知能力水平高的人来说，就是一种具有智力挑战的休闲活动。

当我们判断员工的某项认知能力有欠缺，不要把他放在不合适的岗位上，或者针对他薄弱的部分多指导。管理者大多青睐高智商的员工，只因他们聪明灵活，但高智商并不一定能保证工作执行完全到位，不同的思维模式可能会带来意想不到的影响。

鸡同鸭讲，不同思维模式的冲突

某公司计划把人工智能技术全方位应用于产品中，公司副总李明认为得力助手陈洁的技术开发经验丰富、做事可靠，想让她全权负责这个项目。他找来陈洁，激动地把自己的想法告诉了她。

李明站在房间的前端，眼中闪烁着对未来的憧憬：“想象一下，我们是第一家专注于人工智能垂直领域的公司，提供行业领先的智能定制化服务，我们会彻底改变游戏规则！”

出人意料的是，陈洁的反应平淡，还带着一丝担忧，她轻声回应：“李总，我理解您的想法，但咱们在投入大量资源前，是不是应该先详细分析市场需求，再评估我们的技术准备？”

李明似乎被浇了一盆冷水，他的声音透露出不快：“陈洁，我知道你做事很严谨，什么事都要提前分析清楚再行动。但现在AI发展速度太快了，我们如果不下场先干起来，你不觉得我们会错过这次机会吗？”

陈洁坚定地说：“我完全支持产品智能化方向的变革，这是趋势，但也不能盲目跟风。如果没有数据支撑，快速行动可能就是盲动。”

李明语气越来越急躁：“我真是跟你说不通，要等所有数据都到位的话，其他公司也早准备好了，你需要更富想象力一点。我们要的是领先，不是跟随！我找你来，是希望你给出技术开发的解决方案，而不是不断提问题。”

陈洁深吸一口气，尽力保持冷静：“我理解您急切的心情，但您如果要我当项目负责人，我需要保证每一步行动都是有依据的。”

如果认知能力是顺利完成工作的基础门槛，那么思维模式就如同两条朝着不同方向延伸的铁轨，即使他们对市场趋势、技术发展、产品信息的理解和判断达成一致，也无法拉齐他们南辕北辙的思维模式。

为什么员工会这样想?

李总和陈洁的冲突几乎天天都会在不同的企业上演。一方面，管理者对这种不解决问题、总是质疑、提出问题的员工感到很头疼；另一方面，员工对这种不切实际且天马行空的公司老板也非常恼火。即使这两个人智商水平相当，也看到同样的信息，但他们看待信息的方式就像给信息加上了两个完全不同的滤镜，让他们对事物有完全不一样的看法。这两个滤镜分别是感性思考和理性思考。

偏向感性思考的员工，喜欢跟着感觉走，他们的思维比较发散，做判断时不会一本正经地分析论证，即使他们的逻辑思维能力强，他们也不用，他们不喜欢让自己陷入特别落地和具体的问题分析中，给人的感觉很随性；偏向理性思考的员工，做事喜欢讲事实、找依据，把问题抽丝剥茧地分析得非常细致，甚至会用一些抽象理论来分析，给人感觉很理智。

这两种思维模式的人碰到一起，常常出现鸡同鸭讲的局面：一个讲感觉、爱想象、感情用事，看重自己的直觉；另一个讲事实、分析逻辑，看重逻辑判断。两者的不同如图 2-2 所示。

(a) 理性大脑　　(b) 感性大脑

图 2-2　理性大脑与感性大脑的示意图

而在日常工作中，这两类人给人的感觉也不一样。理性思考的员工会让人感觉更靠谱——他们在工作汇报时，会摆事实、讲道理，逻辑清晰，证据充分。当你对他们的工作有所质疑时，他们的回应通常也是有理有据的，但是过于理性，会让人感觉有距离感、公事公办、不接地气。感性思考的员工想象力丰富，适合那些需要直觉创意的工作，但他们又依赖感受，常常会把“我感觉”“应该是”“大概是”等挂在嘴边，显得办事考虑不周，甚至让人怀疑他们的工作能力。

不同思维风格的员工如何更好地工作？

在管理团队时，了解和利用员工的不同思维风格非常关键。绝大部分管理者更喜欢理性思考的员工，因为通常他们的行为可预期、结果可控，特别是对于那些不需要有太多想象力的、规则导向性强、流程清晰的初级岗位。他们往往也是很好的执行者，在面对复杂问题时，能够依据客观现实拆解问题，像侦探一样，用逻辑和证据一步步解开谜团。感性思考的员工，更倾向于凭直觉判断，在很多充满不确定性的环境下，他们能从不同角度看待问题，充分发挥想象力来设想未来，甚至还可能产生前瞻性的见解。

要让这两种思维风格截然不同的员工发挥出最大的效能，需要运用不同的策略。

感性思考强的员工，要运用好他们的直觉，给他们一个明确的“画框”，让他们在我们希望的框架里尽情发挥，避免他们天马行空，提出不“落地”的想法。这个“画框”是清晰的工作标准、岗位要求和工作流程，帮助他们更务实地工作。他们特别容易对人对事产生情感共鸣，可为其建立一些关于未来的想象空间，比如公司未来广阔的前景、解决重大问题对世界的影响、他本人未来巨大的职业发展空间等。

而对于那些有理性头脑的员工，要运用好他们对逻辑、结构化思维的偏好，以及稳健的工作执行风格，让他们在熟悉的领域发挥专长，但要避免他们过于墨守成规。当面对不确定和复杂的任务时，他们可能难以打开思路。这主要是因为他们的决策必须基于充分的信息分析、细致的证据梳理与逻辑判断。即便在规划未来时，他们的想象力也往往依赖于直接的、具体的证据。这种思维模式虽然增强了可靠性，但在需要快速反应或提出创造性解决方案的情况下，可能会限制他们的效率和效果。如果想让他们的思路更开阔，需要通过“眼见为实”带他们拓展更大的视野，比如让他们看到行业顶尖企业的做法、权威专业人士的最新看法等，帮他们寻找客观存在的事实证据。

因此，当我们清楚了解了员工的不同思维模式之后，在跟员工沟通、安排工作任务和激励他们时，就能对症下药，更好地激发他们的潜能，提升团队的整体表现。

第三章

工作经验：拿来就用的经验主义，有什么风险？

招人时，你是否也常被“十年大厂经验”“行业 Top1 履历”晃花了眼？那些看似完美的镀金履历，可能正藏着隐患：把大平台的资源能力伪装成个人实力；只是套用固化经验去解决问题。这一章将帮你避开“经验主义”的风险。

为什么背景经验光鲜，就是做不好现在的工作？

高薪挖来的“精英”迟迟打不开局面，重金请来的“行业大咖”总在细节上翻车——**以为能做到即插即用，结果插上才发现系统不兼容。**这一节将分析管理者在工作经验方面最常出现的三类误判：大公司光环的“滤镜效应”、业绩复制的“刻舟求剑”、文化适配的“隐性成本”。

看似完美经历背后的风险

某公司在业务转型过程中，确定了新的核心业务方向，但公司里没有人能带领团队完成这项业务。员工大多没有相关经验，或者有经验但综合素质不高，因此老板花重金在行业顶级公司里挖来一位专业对口、业务经验丰富且综合素质高的负责人马修。老板对他抱有很高的期待，趁着这波市场上行的行情，希望他可以帮公司加速业务的推进，进而在细分领域站稳脚跟。

但当马修加入公司后，却遭遇了不小的挑战。首先，马修对当前公司面临的市场条件和客户需求评估存在一定的误差，业务开展比预期困难。他尝试了很多策略，但由于他的经验都来源于大企业，对于这么小体量的公司不太适用。现在公司的品牌知名度低，产品也不太成熟，用之前从大企业学来的开拓策略效果大打折扣。

其次，他的工作推进节奏与现在公司的文化氛围不太一致。现在的公司强调贴近市场需求快进快出，用小结果撬动大结果，但是马修喜欢按部就班地制订详细计划，阶段性总结成果，但这种推进节奏对于公司来说太慢，推进节点必须拿出亮眼的结果，甚至要有意识地包装，不然下阶段不仅公司不愿意再投入资源。

员工也会对上级失去信心，这直接影响了整个团队的执行效率和凝聚力。

很多公司为了省事，常常选择到优秀企业中寻找经验丰富的人才，希望能通过这种对标的方式快速填补职位空缺。这种做法看似捷径，但实际上存在许多潜在的问题。首先，仅仅考虑候选人的行业和岗位经验是不够的。更为关键的是，需要深入分析这些经验与当前岗位要求之间的匹配度。在不同的企业里，即使是同名岗位，其具体职责和所需的技能也可能存在很大差异，工作环境和文化也可能完全不同。

因此，简单地将人才从一个看似相似的岗位直接转移过来，而未充分考虑这些差异，可能会导致人才难以适应新的工作环境，影响其发挥和团队整体的协作效率。

过于迷信大公司

如果说看简历的时候，什么会让人眼前一亮，那肯定是自带光环的大公司背景，似乎招来行业知名公司的人才，公司也能踏上这样的发展之路。来自大公司的员工不仅个人综合能力强，还能带来先进的经验和观念。

事实上，我们对大公司背景的人才往往会有误判，他们在某些能力方面所展现出的优势，很大程度上得益于平台提供的资源和支持。比如，他们可能因为内部顺畅的团队协作、成熟的管理体系以及专业的职能支持，能够在特定领域表现出色。然而，一旦这些人才离开了他们熟悉的大平台，转向规模较小的企业工作时，可能会面临较大的适应方面的挑战。

越大的公司可能在工作内容上越细分。很多人认为，岗位工作时间越长，相关经验就越丰富，能力也就越强。然而这种判断忽略了一个关键事实：长期在同一个岗位上工作并不能保证能力的持续提升。事实上，有些人可能只是将同样的经验重复了十年，而并非真正积累了十年的成长和进步。

在某个领域有长期的工作经验，并不意味着他们的能力匹配当下的岗位需求。此外，随着技术进步和行业发展，很多过去的经验可能已经不再适用于新的工作环境，老方法并不一定能解决新出现的问题。

过度看重过往业绩

我们常常乐观地以为，之前的高绩效可以轻易地在新职位上复制。这种观点忽略了之前成绩可能依赖的因素，如某些特殊时期的税收优惠、政府补助、市场经济政策或资源配置等。这些因素可能为业务的成功提供了有利条件，被称为“时代红利”。当这些条件发生变化时，原有的成绩可能难以重现。

尤其是销售类、市场拓展类和战略经营类的岗位，工作业绩极大地受市场情况、客户管理和品牌影响力的影响。在一个完全不同的市场环境和竞争局势下，业绩可能会有截然不同的表现。这提示我们在评估候选人时，需要考虑他们过去的成绩是否能在新的工作环境中复刻。

低估文化适应性的影响

当面对一个各方面都出色的“六边形战士”候选人时，我们恨不得立刻让他入职。但这时，我们可能会忽略候选人与公司企业文化之间的匹配问题。如果候选人的价值观和行为习惯与企业文化不相符，可能会导致他们难以融入新环境，轻则快速离职，浪费招人成本；重则影响团队内部氛围，甚至影响整个团队的业绩和士气。因此，除了评估专业能力和技能外，确保候选人与企业文化的兼容性同样重要。

那究竟如何避免被光鲜亮丽的工作背景所迷惑，找到更合适的员工呢？

破解过往经验，找到天选之子

“花半秒钟就看透事物本质的人，和花一辈子都看不清事物本质的人，注定是截然不同的命运。”我们特别看重工作经验，期待招来的人能立刻投入工作，但实际上有工作经验的人是否能拿来就用，要看两个关键点：第一，基于这个人的工作经验，他是否真正掌握了相应能力；第二，这个人是否经历了这个岗位必备的关键历练。

同样的经历为什么结果完全不一样？

一家律师事务所因为业务扩大招聘了两位秘书，分别是李莉和王晓。她们的工作职责一样，都是帮助律师编辑文件、登记整理归档文件、报销费用及协助业务团队处理客户账户等，每天的工作任务都是接电话、安排会议、处理文件和管理日程。她们的工作内容一模一样，但是工作的处理方式和心态截然不同。

李莉对待这些小事都非常认真，她总是站在律师的角度琢磨他们需要什么样的文件材料，需要什么样的数据信息。在编辑文件时，她不仅关注语法准确性，还努力理解文件的法律内容，确保给律师提供合格的文档；在归档文件时，她严格按照事务所的规定进行分类和登记，使任何文件都能迅速而准确地被检索到；在报销费用时，她会细致地核对每一笔账目，也会从中了解律所的业务情况；在管理日程时，她总能高效地协调律师和客户之间的会议时间，预见并解决可能出现的时间冲突，保证律师的每一天都安排得井井有条。

相对于李莉的积极态度，王晓则表现得较为消极。她对工作的态度是机械的，常觉得任务单调，缺乏挑战性。虽然她在工作中基本能够完成任务，但经常是在截止时间前匆忙完成，偶尔还会出现疏漏，比如在文件归档方面，王晓有时会因分类不够细致，导致检索文件时耗费更多时间。

两年过去了，李莉因为工作表现得到了所里律师的广泛认可，被提拔为高级行政秘书，开始参与更复杂的项目管理和客户关系管理工作，成为律师事务所不可或缺的行政人员。但王晓仍然在做着与之前相同的工作。

“有十年工作经验”和“一个经验用十年”是截然不同的两种路径。在一段岗位经历里，员工能力的成长速度，除了受自身潜能所赋予的学习天赋影响外，还与员工对工作的钻研度和积极性有关。员工以不同的方式从相同的经历中学习，由此带来对工作细节不同的掌控程度及差异巨大的工作成果。因此，对于同一段岗位经历，必须深入了解员工在工作中的细节，才能真正了解他们是否具备扎实的工作经验。

岗位关键历练的“三六九”

除了判断员工在一段经历中是否真正掌握能力，工作经验也有优劣之分吗？没错！这里的优劣并非绝对意义上的好坏，而是要针对某个具体岗位，分清哪些工作经验是不可或缺的，这部分就是岗位的关键历练。

所谓岗位关键历练，是指那些影响员工岗位业绩的过往重要工作经历，如取得领先成绩、领导团队、成功逆境翻盘等，这些经历通常可视为克服重大挑战的体现。这些重大挑战类似于游戏中的关卡，未能通过这些关卡往往意味着无法取得最终的成功。

比如，某公司要招聘出海业务总监，需首先明确该岗位可能面临的挑战，包括内部缺乏海外业务经验导致可能走的弯路，连接海外供应链关系过于复杂、难以协调，以及多数员工无出海的意愿，等等。在人选上要选择能够克服以上挑战的管理者，而不仅仅选择只有海外业务经验的管理者，如图 3-1 所示。

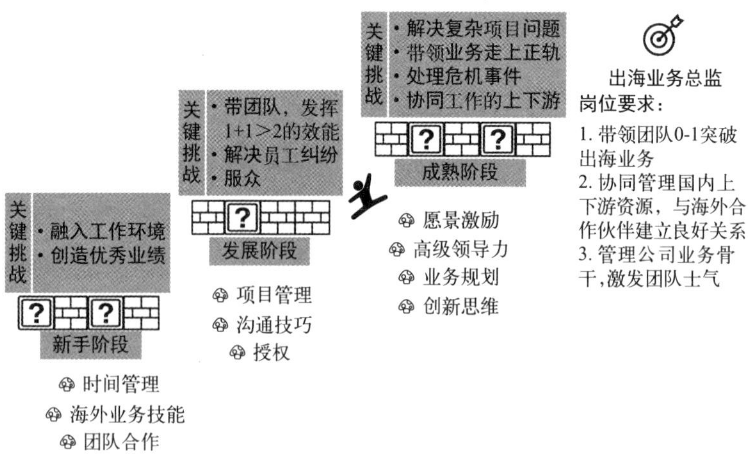

图 3-1 出海业务总监的岗位要求和关键历练

需要找的这位出海业务总监不仅仅要有海外业务经验，最重要的是要具备 0-1 业务突破及团队激励管理的能力，还得能快速协同他可能完全陌生的上下游链条，从而顺利胜任该岗位。

越是重要岗位，开盲盒的风险越大，越需要重视岗位的关键历练。如果一个人在过去成功地克服了类似的挑战，那么在新岗位上胜任的概率就越高。根据常见的岗位挑战，总结了表 3-1 所示的关键历练分类，避免拍脑袋、凭感觉的选人方式。

表 3-1　关键历练的分类

工作类别	专业类（如技术、财务、人资等）	业务类（如市场、销售、业务发展等）
通用历练	√ 0-1 的创新经验 √ 技术研发与应用前后流程的复合岗位经验 √ 标杆企业的任职经验 √ 专业管理的流程机制建设能力	√ 0-1 或 1-100 的业务成功拓展经验 √ 多职能、多业务板块的复合经验 √ 标杆企业的管理经验 √ 业务管理的运营优化及流程改进能力
管理历练	√ 带人完成专业提升 / 突破的经验 √ 引领团队扭转技术劣势的经验 √ 高级专业人才成功的传帮带经验 √ 不同管控权限的总部或分公司的专业管理经验	√ 管理团队的多样性和管理幅度 √ 带团队打翻身仗，赢得竞争的经验 √ 激励团队，转变团队氛围的经验 √ 同时具备不同管理权限的总部或分公司的一线管理经验

续表

工作类别	专业类（如技术、财务、人资等）	业务类（如市场、销售、业务发展等）
变革历练	√ 从传统到前沿的技术 / 职能转型经验 √ 突破现有技术瓶颈的解决方案开发经验	√ 成功带来商业价值的业务模式创新经验 √ 不明朗环境下做出成功的商业决策的经验

当我们要判断候选人是否匹配时，可以先做三点评估：第一，岗位要求是单一经验还是上下游复合经验？第二，需要带团队吗？团队成熟度如何？第三，公司是否处于变革期？回答完这三个问题后，我们再来判断哪些经验对这个岗位至关重要。

比如，假设你接手了一个以前是前下属管理的团队。你发现前几年公司业务转型，因为行业发展趋势的变化，经营传统业务的老团队所承担的业务年年下滑，团队整体士气低落，工作态度消极，亟需新的业务负责人找到新的方向，带领公司走出困境。

结合这三个问题，你发现你最需要的不仅是业务负责人能打胜仗，同时还需要他能激发士气，扭转团队低气压，同时能处理因为公司业务转型变革带来的员工的抵触情绪。同时，我们还可以进一步深挖经验的细节，比如，他当时面对这个处境，是如何思考、如何布局的，公司提供了什么支持资源，等等，由此可以更准确地判断他胜任这个岗位的概率有多大。

工作经验在什么环境里更有效?

如果说员工的关键历练在明面上是与岗位匹配，那么组织氛围就是隐藏在背后的看不见的手，影响他们在工作场所的能力发挥。如果一个员工优秀的经验“生长的土壤”跟现在工作的环境差异较大，那么他适应当前工作也会面临不小的挑战。

这个“生长的土壤”是组织氛围，也叫组织文化，指公司内共享的价值观、信念和行为准则等。它是一种无形的力量，影响员工在工作中的行为方式、沟通的风格以及对外表现等方面。所有员工在公司里都看重什么、讨厌什么、不能容忍什么，以及上下级应该如何沟通、下级如何向上级汇报、如何决策等。

文化氛围就像空气一样，在每家企业看上去差不多的岗位描述背后，隐藏着差异明显的文化氛围。

某家传统的做金融业务的公司想转型成为“金融＋科技”公司，希望能用人工智能、大数据、移动技术等技术手段提供更便捷、更个性化的金融服务，同时提高效率和降低成本，并拓展线上的金融服务。因此，公司特别花巨资从科技公司、互联网公司引进了大量优秀的技术人才，但是发现这些技术人才的作用并没有很好地发挥出来。HR 调研发现，最大的问题并非在能力、经验和薪酬上，而是这些技术人才过往公司的氛围与现在企业的氛围差距很大，本质上来说，就是风险控制的金融圈文化和自由开放的互联网圈文化之间的差距过大。新来的技术人员普遍觉得现在的金融机构过于保守、流程长、等级森严，没有过去自由探讨沟通的氛围，虽然这种氛围在金融圈是常态，但是对于这些技术人员来说，感受到的就是不被信任，不够开放，这导致半年内的离职率非常高，留下来的也觉得工作中受到限制，无法尽情施展能力。

如何快速理解企业文化呢？研究学者 Cameron 和 Guinn 提出**对立价值框架**（competing values framework，CVF）的企业文化模型，指出所有的文化可以通过两个相互竞争的方向去看：重视外部还是重视内部，更灵活还是更稳定。从这两个维度可以组合成四种主流的文化氛围：集体文化、创新文化、层级文化和市场文化。如图 3-2 所示。

集体文化，我们从小最熟悉，从学校里同学之间互帮互助、学校和家长之间相互交流，到居委会的亲切关怀，集体就像大家庭一样。在这种氛围里，员工会感觉到被支持和重视，有较强的归属感，与同事的关系可能会超越普通的工作层面，比如一起参与私下家庭聚会、一起旅行等，这比较适合特别重视关系紧密度的员工，但这种氛围可能会过分放松，以至于忽视竞争和市场，有时也会缺乏必要的结构，降低工作的效率。

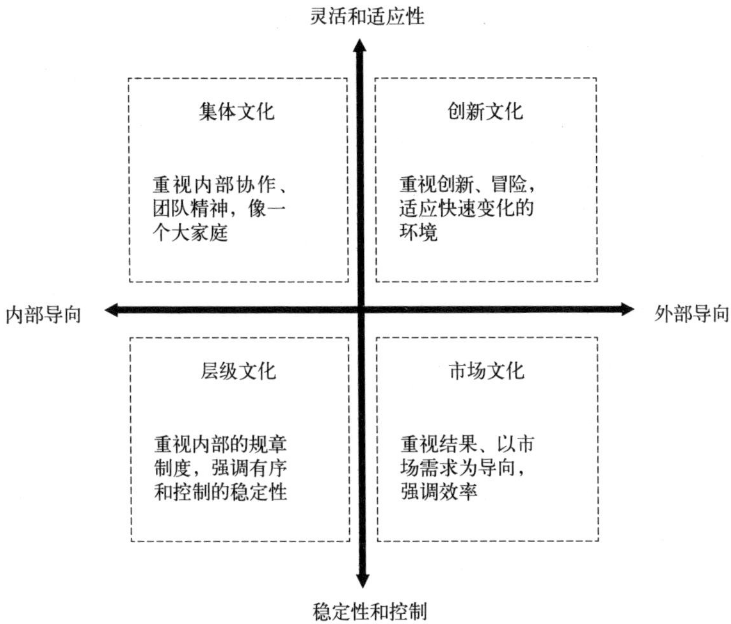

图 3-2　对立价值框架下的四类企业文化

创新文化是鼓励新想法、冒险和尝试氛围的文化，目的是寻求新的机会和解决方案，这也是现在互联网企业常见的氛围。员工在这里会被鼓励尝试新方法和快速适应变化，工作氛围通常很有活力，很多新想法会被支持，特别适合个性开放、喜欢变化的员工，他们会感到兴奋并愿意面临挑战。但这种氛围由于缺乏稳定性和持续性，决策常常会顺势变化，对于那些特别重视稳定的员工来说，这种无章可循的文化可能会带来不确定的风险，是他们不太能适应的。

市场文化既关注外部的变化，又重视市场竞争，具有很强的目标导向性。在这里，能不能拿到业绩，能不能在竞争激烈的市场中获胜，是组织关注的核心。公司自上而下的领导风格可能更为严格，更加鼓励竞争，因为绩效和结果是衡量成功的关键指标。大多数员工可能会感到工作压力非常大，这类企业文化适合重视成就感和喜欢竞争的员工，但强调结果可能导致短期争利，忽略员工的感受和长期发展。

层级文化通过高度的组织化和标准化保持内部的稳定性，这是绝大多数政府机关部门或金融企业的氛围。这种组织倾向于有清晰的层次结构和规章制度，强调从上而下地执行和控制。员工在这里可能会感到工作环境稳定，但可变动的弹性比较小。这种高度规范可能会限制创造性和自主性，但同时提供了清晰的指导和预期，使员工明确自己的角色和责任，适合重视规则、稳定，不喜欢环境过于动荡的员工。

文化氛围与员工的价值观越匹配，越能发挥出员工的能力。与员工价值观匹配的氛围就像开了加速器，让有能力的员工迅速拿到结果；而不适合的氛围像阻力一样，看不见摸不着，又实实在在地挡在前面。

回到刚刚的案例，一个来自互联网公司的技术人才如何在一个新的金融公司表现出色？从提倡自由开放的创新氛围转到重视规章制度的等级氛围，就像给追求自由的人才套上枷锁，他们必然是不适应的。因此，对于技术人才来说，需要让他们提前了解文化氛围的细节，建立合理的心理预期，判断自己是否能接受；对于管理者来说，他们需要了解员工过往哪些优秀经验与氛围有关联，是否能提升现有氛围的匹配度，保证不会因为文化冲突而痛失人才。

第四章

工作动机：甲之蜜糖，乙之砒霜，员工最看重什么？

很多管理者觉得，激励员工就是“给钱到位，干活不累”。但现实往往是“**钱给够了，人却跑了**”。心理学家弗洛姆说过：“给予的最需要的方面不在物质财富范围内，它存在于人性特有的领域。”这一章将带读者揭开动机的真相：为什么同样的薪水，有人干劲十足，有人却摸鱼躺平？答案不在钱包里，而在每个人的心里。

道不同，不相为谋——找工作看重什么？

员工心里到底想要什么？有人只看钱，但有人追求自由，有人渴望成就，还有人只求安稳度日。表面上看，这不过是职场选择的差异，但背后是一场价值的权衡。真正驱动他们行动的，往往是藏在心底的“未说出口的需求”。

为什么给那么多钱还是留不住?

张总的部门有一位得力干将小王，跟着他一直打拼了多年。小王工作非常卖力，非常有冲劲，张总也非常认可他在公司的贡献，为了稳住他，每年都想方设法给他涨工资。小王也不负期待，从一个初出茅庐的学生变成一个能够独当一面的主管。但在张总觉得一切向好的时候，小王突然提出离职。这让张总宛如遭遇了晴天霹雳，他不明白为什么他对小王那么好，给机会、给空间、给待遇，他还是要走。对于他们这种小公司，整体薪酬并不高，但是小王也基本上能够保持跟大公司差不多的薪资水平，甚至老板还觉得他过于偏爱这个小王。张总专门跟小王沟通了离职的想法，小王对张总的信任和提携表示感谢，但是他现在想到更大的环境看一看，别人给的薪酬虽然跟这里差不多，但是公司大，给的平台更好，所以为个人的职业发展他决定离职。

张总痛心疾首，想着还是自己的公司小了，所以留不住人，就让他去吧，给钱也留不住人，算了。

而实际上，小王跟他朋友谈起为什么离职，却是另一番说辞，他说受不了张总的管理风格，每天几乎要24小时待命，一旦找不到人，张总就会抓狂，而且他不喜欢张总这样过度关注他私人生活的领导，他认为工作就是工作，生活就是生活，不想在下班时间跟自己的上级绑定在一起，而且张总生气就喜欢骂人，有时候说话挺伤人的，他觉得忍耐了三年多，已经够了，刚好有大公司抛出橄榄枝，他就接住了，一刻也不想再待了。

千万不要认为，自己重视什么，别人也会这样，如此一来，双方的预期就会错位。虽然动机深藏于心，不完全展露，但是关系到我们提供给他们的是不是他们想要的。同样的表现，也可能动机完全不同。比如一个人工作非常努力，其潜藏的动机既有可能是追求工作的成就感，想做出更好的成果，也有可能是希望努力竞争过周围的同事，想要一种自己实力能碾压他人的感觉。

工作动机或者价值观因为其隐蔽性，并不容易被识别，就像小王不告诉张总自己真正的离职原因，可能担心说出对张总的不满，会有损彼此的关系。因此，在我们深入挖掘他人的动机之前，首先要了解究竟什么是动机。

什么是动机？员工究竟看重的是什么？

动机，简单来说，就是人们重视和追求的事物，这些事物能为行动提供能量和方向。打个比方，能量是行为的发动机，能量越高，行动的速度越快，保持得越久；方向是行为的方向盘，能指向一个特定的目标，指导行动达成某个目标。

动机是人类特有的，对未来某种结果的期待，比如金钱、成就、安全等。动物只有生物本能，而人的一生，在不同阶段都有他们更加看重的东西。有些动机明显是由外部事物激发的，像奖励、惩罚、他人的认同等，这些称为外在动机；有些动机是做这件事本身能带来的愉悦感、成就感和幸福感等积极的内在感受，这些统称为内在动机。

人们在工作中经常表现出来的，很多仅仅是浅层价值观，像大多数公司倡导的职业道德、诚信、合作等，不一定深入到底层的内在动机——到底做什么事情，能够让员工感到愉悦和开心。这里我们统一称其为动机价值观，目的是全面了解员工行动的动因，以便更好地理解动机的多样性。

动机的发展是一个由外到内的过程，从别人想让我做，到我自己想做，到做这些能让自己在过程中感到很开心。就像一个对工作没有概念的学生初入职场，进入一个重视绩效、重视工作贡献和竞争氛围浓厚的团队，他会从刚开始遵从企业和上级的要求，获得外部奖励，避免惩罚，到逐渐认同这套绩效导向、讲求工作热忱和竞争的价值观，整合调节成自己重视的东西。三年后，整合调节成功的员工，会开始习惯绩效导向的氛围，鼓起像打了鸡血一样的工作热情，热衷于拿第一的感觉。根据自我决定理论，动机内化是一个从外部控制到自主的连续过程（见图 4-1）。管理者可通过支持员工的基本心理需求（自主、胜任、归属），加速外在动机向内在动机的转化。

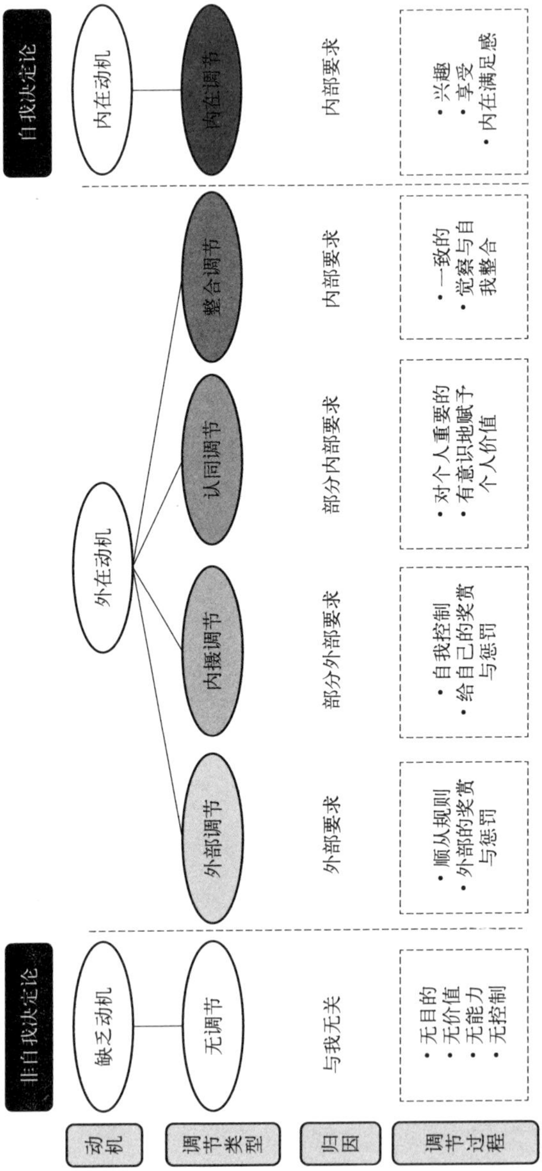

图 4-1　从动机内化的自我连续体

很多管理者认为新生代的年轻人想法很多，动不动就想要整顿职场，本质上是企业没有满足他们的需求。特别是“00后”的年轻人，他们是跟互联网一起成长起来的，很多人已经内化了互联网媒介传输给他们的价值观，无论是看重钱、发展空间、工作自主性，还是其他什么。如果企业没有办法满足他们，他们离开的概率就非常高。我们需要做的是找到动机，对症下药，找到激励他们的“开关”。动机的特点是，一旦形成便很难改变，我们只能基于现有动机进行筛选，无法改变。

接下来我们深入分析，去详细了解这些动机的表现，判断员工的动机价值观究竟有哪些。

如何满足人类的100个需求？

人是欲望和需求的化身，是无数欲求的凝结。——叔本华

员工的需求是多样的，比如钱多事少离家近，位高权重责任轻。有人说小孩才做选择，成年人全都要，但成年人的核心动机大有不同。虽然人们可能怀有上百种不同的欲望和需求，但行为科学研究表明，真正值得关注的是那些对行为激励的即时性、持续性和有效性产生关键影响的驱动因素。接下来我们将重点解析内在动机与外在动机这两大核心类型。

内在动机和外在动机

内在动机是那种由行为本身带来的满足感，而不是外界强加的。因此会有一股内在的力量去推动员工自发地行动，有助于员工创新行为的出现，往往带来更持久的激励效果，公司和个人都能实现双赢。加强这些动机的强度，往往能达到事半功倍的效果。

内在动机强的员工，就是我们口中所说的那些主动积极、有自驱力的员工，他们是不用小鞭子抽打的陀螺，自己会转起来。工作内容本身对他们来说是有趣和享受的，所以工作就不再是工作，更像是令人欲罢不能的游戏。那究竟哪些需求会触发内在的动机呢？

（1）自主性：自己选的，再烂也是好的

自主性反映了员工对自由、对控制感的渴望，在这种状态下，员工觉得自己是主动推动工作进展的人，而不是仅仅作为被动完成任务的工具而存在。那些无法自由选择、自主安排的工作，比如规定上下班时间、固定的考勤、严格管理的流程制度、无法根据自己喜好选择的工作任务等，都会让员工感觉失去自由。

自主性需求高的员工，甚至愿意接受降薪、离开知名大厂

或者离开一个外人看上去非常体面的岗位，去获得更多自由选择的机会，比如从大厂离职创业的员工可能并非看到外部有多好的机会，而是要追求一种自主感，出于一种自我掌控节奏的需求。

（2）胜任感：我行，我可以

胜任感是员工追求自我效能、追求成功的需求。对于工作而言，首先是员工有能力胜任这份工作，并且能做好这份工作，确保在工作中的行为能带来非常好的成果产出。比如很多员工讨厌开不完的长会，简而言之，无效会议会带给员工一种无能为力的感觉——花了几个小时坐在那里，什么结果都没有，这剥夺了员工的胜任感。

追求胜任感的员工，希望自己的工作是非常高效的、有产出的，而自己完全有能力去实现这一切。员工越能胜任一份工作，他们的自我效能感就越高。胜任感强的员工，通常会更专注于工作，更容易在工作中体验到心流。在这里，失败不是成功之母，成功才是成功之母，因为一次次的成功，会激发他们更高的成就动机——当他们能完成一个小目标的时候，也会有勇气去征服一个更大的目标。

（3）归属感：我希望成为集体的自己人

归属感，也叫关系需求或者亲和需求，体现的是希望被别人接纳、被别人认可、被大的团体接纳的需求。归属感高的员工，会经常在人群中表现出自己亲切友好的一面，希望被大家喜欢。他们非常追求具有大家庭氛围的团队，团队成员像相亲相爱的一家人一样，希望与同事之间除了工作关系，还有一些私人的朋友关系。

他们不太喜欢公事公办、在商言商的工作氛围，好像大家都是陌生人，对因为业绩考核要末位淘汰，或者与上级同事关系不佳而被冷落的环境特别不适应，因为这样让他们缺乏安全感，没办法产生对集体的归属感。相比给予他多少薪酬、多高的职位，让人产生归属感的工作环境让他更愿意留在企业。

上述三个内在动机来源于 20 世纪 80 年代积极心理学的发展过程，研究者德西和瑞安提出的自我决定论，人类有一种与生俱来的天性——他们行动是因为他们想做，而不是他们不得不做。他们认为行动的原因是他们自己决定的，而非外部强加给他们的。

内在动机的出现，往往跟一个人成长经历中父母和老师的教育方式有较大关系，比较难在工作环境中被激发出来。在工作中，管理者最常用的是激发外在动机的方式，比如赏罚并用，承诺更多的金钱、更高的职位、更高的荣誉；如果目标没有达成，就采用绩效考核打 D、职位降级、公开批评等方式。但现在利用外在动机激励年轻人越发不理想了，成长环境使他们更重视自我实现和工作意义，互联网时代的信息透明让他们有更多的选择。

因此，我们除了采取赏罚并用的方式，更应该贴合他们的需求。接下来，我们回到具体的需求，了解人们的核心需求及如何在工作中激励他们。

常见的动机分类

（1）马斯洛需求层次理论

心理学家亚伯拉罕·马斯洛（1943 年）提出一个描述人类动机发展的金字塔模型，如图 4-2 所示。该理论将人类需求划分为五个不同的层次，从最基本的生理需求到最高层次的自我实现需求。

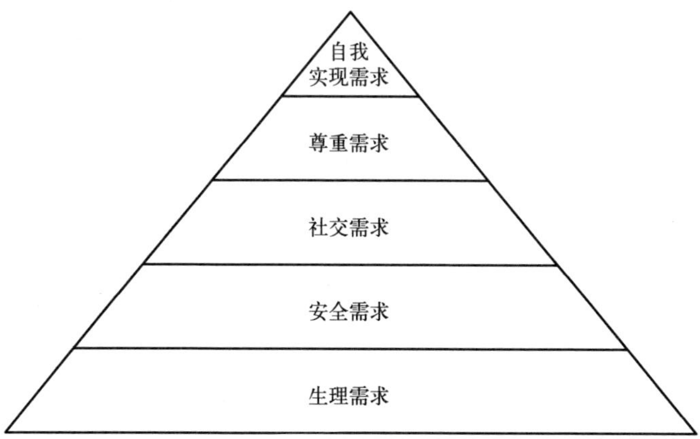

图 4-2　马斯洛需求层次理论

马斯洛认为人们首先会去满足低层次的需求，比如生理和安全需求，当这些需求被满足后，就会去追求更高层次的需求，比如社交、尊重和自我实现需求，具体的需求内容和激励方式如表 4-1 所示。虽然马斯洛认为需求会逐层满足，但后面的研究发现人们也会越级追求更高级的需求。

表 4-1 不同需求层次的需求内容和激励方式

需求层次	需求内容	激励方式
自我实现需求	实现自我潜能和个人成长	提供培训、挑战性项目和职业发展路径来支持员工的自我实现，让员工有更好的自我成长和发展的机会
尊重需求	有自尊、成就感和地位意识，寻求自我价值和他人对自我的认可	对员工的优秀表现表达认可，如公开表扬、物质激励、提供晋升机会，或者给予重要的项目机会
社交需求	寻求归属感和建立社交关系，这包括友谊、亲密关系和社会属性	提供良好的团队合作氛围和团队活动的机会，与上级、同事、客户等关键合作伙伴关系良好
安全需求	安全与保障，比如身体安全、就业安全、健康保障以及财产的安全	提供稳定的职位、安全的环境、医疗人身保险等，让员工感到自己的工作是稳定的，工作环境是安全的
生理需求	最基本的生存相关的需求，比如食物、水、睡眠和其他身体需求	提供合理的工作和休息时间、舒适的工作条件、基本满足需求的薪酬等。如果这些没有得到满足，员工可能无法专注于工作

（2）赫茨伯格的双因素理论

只要满足员工需求就会有激励作用吗？弗雷德里克·赫茨伯格认为仅仅满足需求不一定能产生好的激励效果，他提出了动机的双因素理论，下面的一个典型故事说明了对员工激励的变化。

给员工涨薪一直是A公司的常规操作，在过去几年公司业绩很好，公司员工每年基本薪资都可以涨10%，公司也提供了健康丰富的午餐，但是今年环境不太好，业绩大不如前，需要缩减不必要的开支，午餐这种福利首当其冲被砍掉了，当年的涨薪也取消了。即使这样，A公司的整体薪酬水平和福利也远超同行，但是员工依然非常不满，工作积极性大打折扣。

这就是双因素理论提到的保健因素和激励因素，保健因素是必须要有的，没有的话，员工就会产生不满情绪，比如说基本的工资、工作安全、必要的福利等，而激励因素是指那些有了就会带来惊喜的因素，能激发员工的工作热情，比如工作内容充满趣味、工作成果能获得认可、有成长的可能性等。

对于那些保健因素，公司提供给员工，也不一定会让员工更有工作动力，因为他觉得这是必备的。而只有满足那些激励因素，才会激发他们的工作动力。上述的典型故事中，之所以远超同行的薪资水平和福利没能激发员工的积极性，原因在于员工对涨薪和福利已经有预期了，涨薪和福利从原来的激励因素变成了保健因素，他们觉得这是公司应该给的，一旦取消就立刻表示不满。

以上双因素理论需求满足的影响作用如表 4-2 所示。

表 4-2 双因素理论需求满足的影响作用

类型	满足需求	不满足需求
激励因素（激励工作积极性）	 满意	 没有满意
保健因素（防止产生不满）	 没有不满意	 不满意

因此，如果要激励员工，最重要的是找到激励因素，而非保健因素。比如刚刚提到的薪酬激励，对于有些员工而言是激励因素，能带来更积极的工作状态，但是对另一些员工来说，可能就是保健因素，即便满足了该需求，员工也不会太满意，但是没有达到预期，他们就会极度不满。激励和保健因素的界限是相对的，需要灵活调整管理策略，去适应不同员工的需求，关键是要定期评估需求的变化，让激励的投入产生更大的效果。

如何依据员工的动机进行有效激励？

如何发现员工动机的变化？

人的工作动机会发生变化吗？答案是肯定的，人的动机会在不同阶段发生变化，随着人生阶段、工作环境或个人生活的变化，动机会发生相应变化。

如何快速、简单、粗略地判断员工的需求？可参考舒伯的人生彩虹图（图 4-3），先看员工处于人生的哪个阶段，相应地就有哪方面的需求。刚参加工作的时候，员工更看重职业发展和空间；工作 3 ～ 5 年更看重成就感和权力职位；结婚之后，有配偶和持家者的角色，需要养家，更重视薪酬；成为父母之后，会把部分精力放到家庭中，安全需求可能就变得突出。

如果想要了解不同员工需求动机的差异化，需要了解影响员工动机变化的三个主要原因。

（1）外部环境变化

- **工作变化：**例如，工作环境的改善或恶化、团队结构的变化、领导风格的改变都可能改变员工的动机。

- **市场环境变化：**行业市场的波动或公司业务方向的调整带来的经济收入变化会影响员工的动机。

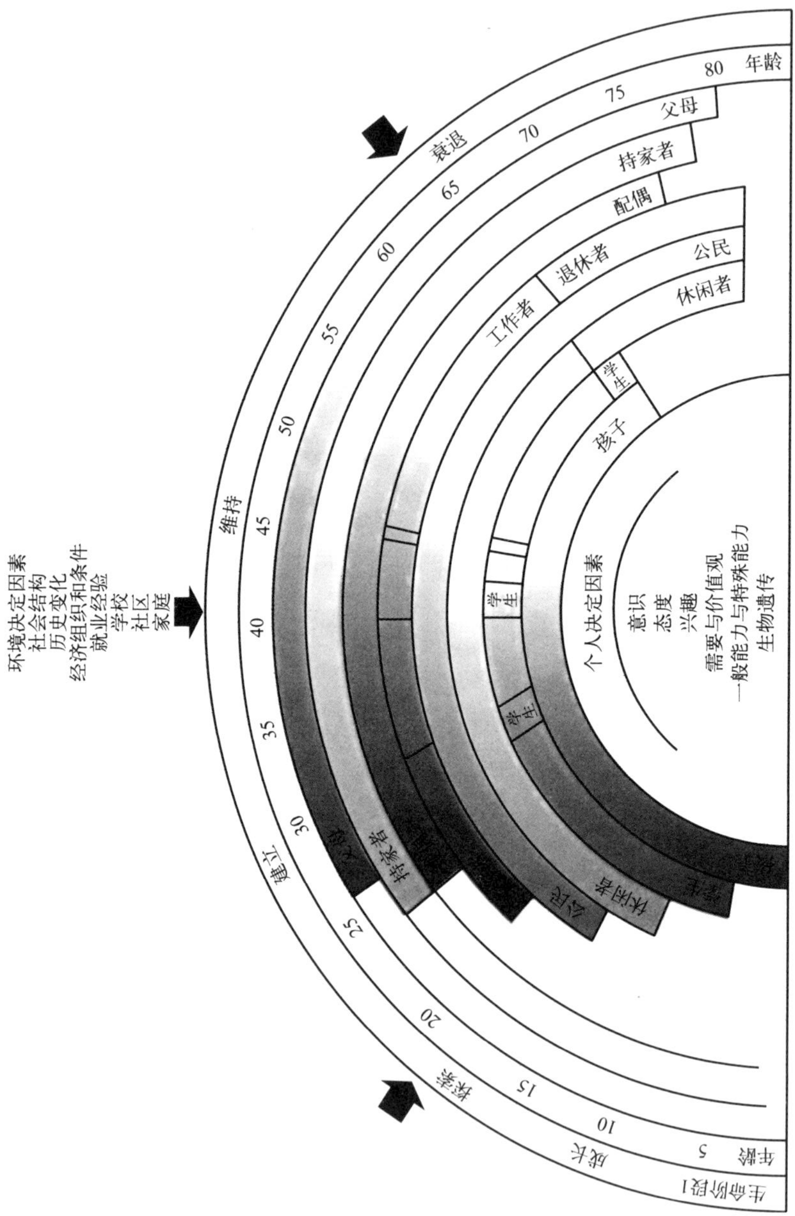

图 4-3 舒伯的人生彩虹图

- **职业发展：** 个人职业发展的机会（如晋升、转岗）或职业瓶颈可能导致动机的变化。

（2）个性特征影响

- **情绪化：** 如果长期处于不良的情绪状态，如焦虑等，可能导致他们更趋向于满足安全需求。
- **个人重大生活事件：** 如家庭问题、经济状况的变化等，可能会在短时间内影响个人的工作动机，比如更重视财务需求。

（3）公司的价值观宣导

这类原因通常只对动机价值观尚未固化的新人有影响。通过内部沟通渠道，比如员工手册、新员工培训、管理者示范等，让员工知道公司看重什么，不能接受什么，从而内化公司的需求为自己的需求，使动机发生改变。

如何进行有效激励?

很多管理者激励员工的一个误区是，总想让员工生出他们原本就没有的动机和价值观，比如想让安于现状的员工主动自发地追求更高目标的成功，或者让满脑子都想多赚钱的员工把薪酬看淡一点。虽然动机也会发生变化，但动机的变化内因起主要作用，如果员工不想改变，那管理者很难真正让他发生变化。

因此，有效激励的第一点是放弃幻想，选择大于改变，我们只能在员工有这个需求的时候，通过激励手段加大强度，而不能改变动机的方向。换句话说，我们只能加油，但是控制不了方向盘。

下面是常见的影响员工工作状态的动机需求，针对员工的需求给他们“对症下药”，对不同动机的激励方式如表 4-3 所示。

表 4-3 不同动机的激励方式

动机	激励方式
关系需要	为了强调公司对团队合作的重视，并确保员工大部分时间能与他人共事，我们为他寻找了指导他人或提供支持的机会，同时也为他创造了建立人脉或结识他人的机会，同时确保这些社交需求不会影响他的工作效率
成就动机	提供有难度的工作任务，鼓励员工自行设定目标，确保目标既具挑战性又实际可行；每当他达成这些艰难的目标，尤其是那些他个人参与制定的，就对他表示鼓励和赞扬
竞争	设置客观标准，让员工能够明确看到自己与别人表现的差异，在工作场所加以展示，比如排行榜；进一步了解他的榜样以及他希望成为什么样的人；帮助他找出可能阻碍他发挥的因素，鼓励他积极克服
独立自主	采用相对宽松的管理风格，让员工自由选择工作方法；在明确的目标和评价标准下，允许他自行决定实现这些目标的方式，只要这些方式符合公司的标准即可，尽可能让他自主安排自己的工作方式，避免施加不必要的限制；与他在工作沟通的方式、形式和频率上进行沟通并达成共识
安全稳定	了解员工对工作环境和安全感的期望，确保他的工作环境是舒适的；鼓励他把失败看作学习和成长的机会；强调他的工作安全和长期职业前景，以增强他的稳定感，如果出现非稳定因素，应让他了解实际情况，以便他可以做出相应的准备和调整
薪酬福利	在了解了他对薪酬的期待之后，说明薪酬与业绩之间的关系，确保他明白业绩提升会有明显的物质奖励。此外，尽可能保证薪酬、奖金及其他物质激励的分配是公平和合理的

第五章

能力素质：离高绩效最近的一步

如果把员工的高绩效比作成熟的果实，具备之前所说的匹配的个性、认知能力和动机等潜质顶多算有了优良的种子，还处于初级阶段；能力强的员工则已经到了成熟阶段，只要环境合适，这棵树便能结出硕果。那么，究竟什么是真正的能力素质呢？又该如何把能力素质转化为绩效？本章我们将深入探讨这些问题，了解能力素质如何成为员工达成高绩效的有力支撑。

为什么能力素质跟业绩表现关联最大?

我们常常发现，能力强的员工往往能够取得令人满意的成绩，而能力不足的员工可能在面对挑战时显得力不从心。那么，能力素质究竟是如何影响绩效的呢？接下来，我们将通过具体的案例来深入探讨这一问题。

能力素质如何引导绩效？

A公司有一项非常紧急的技术升级项目，需要在两个月内完成。时间紧，任务重，所以老板把这个任务交给了最优秀的项目经理小李。

为了这次技术升级，小李临时从各部门抽调人员组成了项目攻坚小组，但大家对这个任务完全不了解，一脸茫然。因此项目启动前，小李召开了一次简短高效的沟通会议。他明确说明了项目的背景、目标、时间节点和每位成员的职责。在这个过程中，他还根据每个人的业务专业背景，调整了表达方式，保证大家都能理解任务重点。会议结束后，团队迅速进入工作状态。

对于这种项目，小组以往没有经验，中途技术团队和市场部门出现了明显分歧。技术团队抱怨需求不明确，而市场部门认为技术人员太过固执。小李立刻组织了一场沟通。他让双方都谈谈自己的想法，协调找到双方的平衡点：技术团队可以增加一个灵活接口，市场部门则需要提供更详尽的数据依据。

最终，小李通过定期跟进进度、适时调整计划，在不过度增加双方工作量的前提下化解了冲突，加快了进度。项目提前顺利完成，按时交付给客户，令客户很满意。

如果简单拆解优秀项目经理小李的能力素质，除了小李本身的技术经验外，我们还看到如下三种能力。

① **沟通表达：**清晰、简洁地传达信息，确保受众能够准确理解，同时能够根据不同的对象和场合调整沟通方式，以达到最佳的沟通效果。

② **协调规划：**通过有效组织和整合资源，合理安排任务，解决冲突，确保团队成员目标一致、行动有序，以实现整体工作的顺利推进和目标的达成。

③ **冲突管理：**在团队或个人之间出现意见分歧或矛盾时，能够以建设性的方式解决问题，倾听各方意见，找到平衡点，通过协商和调整，化解冲突并促进合作，从而推动工作顺利进行。

这里，我们就能猜出为什么老板把这么重要的项目交给小李了，能在规定时间完成紧急项目，这三项能力素质水平越高，达成目标的概率就越大。

能力素质，又叫胜任力（competency），最早由美国心理学家戴维·麦克利兰（David C. McClelland）在论文《测量胜任力而非智商》里提出。他认为很多组织选人有误区，总是凭智商选人，而不去找那些明显能区分高绩效和一般水平的相关特征，比如执行能力、沟通能力、成就动机等。

能力素质指的是一切与高绩效相关的行为表现，而不仅仅是智商。虽然这是 50 年前提出的观念，但现在仍不过时，很多管理者选人仍旧喜欢选智商高的员工，比如名校毕业的员工，但在实际上工作业绩的达成不仅仅靠智商。比如，有些岗位需要耐心和细心，要求员工把工作的方方面面都考虑到，不怕琐碎；再比如，有些岗位的工作有挑战性，节奏快，压力很大，需要抗压能力强、情绪控制能力强的员工。

事是做出来的，业绩是干出来的。无论是前面提到的智商、个性等潜力，还是过去的工作经验，都必须在“行为”上体现出来，才能最终“变现”成业绩，如图 5-1 所示。

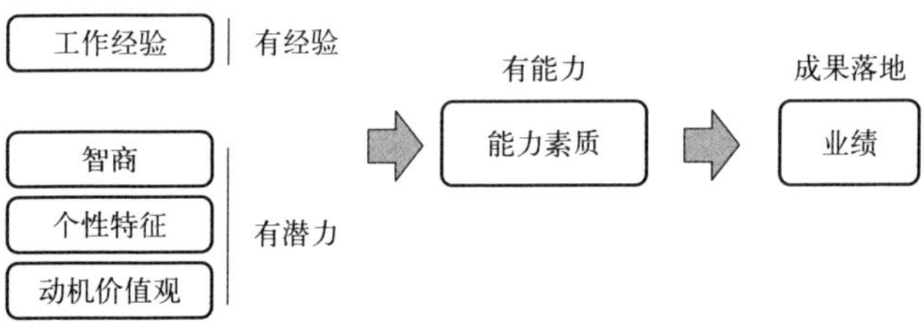

图 5-1 从个人特征到业绩的影响效果图

这张图从另一个角度说明，找到跟岗位匹配的性格、智商或工作经验，目的是提高与业绩高度相关的“正确的行为”的概率。比如，智商能增加研究员取得科研绩效的概率，但对推销员的销售业绩的影响来说，智商就远不如成熟的销售经验有用。

如何判断这是不是一个好的标准?

但凡我们关注员工的能力，心中总是有一些标准，比如主动性强、沟通能力强或者做事细致等。能力模型乍看上去都大差不差，但从应用的角度看，还是有好有坏的，如果我们要去招聘或者培养员工，想用一个能力模型来作为人才标准，一定要注意以下四点。

（1）有效果的能力模型：与绩效密切关联的高度提炼的要求

能力模型不是岗位要求，而是一类岗位的高度抽象，为的是提取出它们的共性。它通常抽象出一类人员的能力，当我们想到一类人的时候，脑子里面自然会浮现出对他们的刻板印象，比如严谨和吹毛求疵、不通融的财务人员，油腔滑调、见人说人话见鬼说鬼话的销售人员，每个人心中的财务人员和销售人员都是这样的吗？肯定不是，但是每个人心中都有这样一个能力模型。

能力模型能够高度概括关键能力要素，而不是眉毛胡子一把抓，什么都有。它往往具有岗位最核心的特征，即那些跟绩效关联最大的特征。比如某公司销售的能力模型是建立客户关系、需求洞察、自我展示、谈判能力和交易缔结能力。这五项能力高度概括了这个公司销售最重要的能力，我们对销售常见的要求，比如沟通、协调能力就不重要了吗？并非如此，这些能力只是销售能力的一些细节，而更重要的是以上五项核心能力，因为这五项能力越强，销售的业绩就越好。

（2）有细节的能力模型：具体行为，让隐藏的要求浮出水面

能力模型不仅要提炼，而且要提炼得有画面感，充满具体的动作和细节，甚至可以细化到什么场合做什么动作，这样我们才能知道应该做什么。举个例子，我们要一名销售具有洞察需求的能力，即抓准并满足客户需求，那他究竟需要做到什么程度？

第一，听得懂客户说什么。主动倾听客户的需求和痛点，通过开放式问题深入了解客户的期望与顾虑。

第二，准确匹配客户需求。分析客户的真正需求，把公司的产品或服务进行有效匹配，突出自身优势。

第三，及时调整解决方案。在沟通中及时回应客户的想法，灵活调整方案，以确保所提供的解决方案真正符合客户的期待。销售的能力要求很多，但当我们想要评估一名销售在洞察需求上的能力时，如果我们有一份正确行为的指南作为参考，就相当于我们站在一个经验丰富的销售管理者的视角上，能够更准确地做出判断。

（3）有认同感的能力模型：清晰易懂，展现行业和企业形象

能力模型的一个重要目标是树标杆、提要求。从上而下，公司员工都知道岗位的能力要求是什么，就像 JD（岗位说明书）一样，不过是关于能力的 JD——只要看到能力模型，无须解释，就能够让员工非常清楚地了解能力的要求是什么。比如员工想要晋升到管理岗位，一般来说除了业绩要求和工作经验以外，他需要知道管理岗位的能力要求，如表 5-1 所示。

表 5-1　管理岗位的能力模型示例

能力模型	通用定义	某科技公司特征定义
高效执行	高效地执行上级任务，持续监督工作进度和质量，确保任务按时、高质量完成	抓住关键任务，通过**快速行动和持续跟进**推动项目落地，善于发现执行中的障碍，通过**灵活调整**和**及时反馈**，保证高效交付成果
沟通协作	推动团队内外部的合作，保证多方之间的沟通顺畅，提升团队的整体凝聚力与工作效率	主动推动跨团队 / 部门的协作，通过**开放透明的沟通**，减少信息壁垒，**对齐工作目标**，提升团队的协作效率
问题解决	识别工作中的问题，迅速分析情况，做出合理决策，带领团队寻找解决方案	**用数据和事实分析问题**，快速找到可行的解决方案，在执行中**持续迭代**，确保问题得到彻底解决
团队管理	激励成员保持积极性，通过指导、反馈、表扬等方式提升团队士气，帮助成员提升自身能力，促进团队业绩达成	通过**及时反馈和激励文化**，激发团队成员的**创造力和自驱力**。善于打造一个**开放信任**的团队氛围，发挥每个成员的潜力

能力模型的目标是牵引员工提升自身能力，如果员工对于文字的表述各自有各自的解读，那自然达不到牵引的目标。能力模型的文字表述通常会结合企业文化和行业特点设计，这样会让员工产生比较高的认同感，从而真正起到引导和牵引的作用。

（4）逻辑分明的能力模型：层次分明，精准体现岗位要求、文化和战略重点

好的能力模型，通过一定的逻辑排列精确地体现岗位特征。最常见的有两类逻辑排列方式：第一类是按工作流程，如销售岗位，从客户开发、需求分析、方案演示、促成落单等几个方面形成对销售的能力要求；第二类是按挑战类别，大多数岗位可以遵循从“管理自我”“管理业务”“管理团队”再到“管理组织”的顺序，对员工提出不同要求。

一般来说，管理岗位更侧重于团队和组织的管理，而自我管理的指标相对少而精；基层员工侧重于自我管理和任务执行。同时，对于一些特殊岗位，比如需要频繁跨部门协作的岗位，跨部门协调的能力指标会被重点强调。在数字化转型阶段的企业中，员工的数字化能力就可能被纳入能力要求。

如何让能力素质发挥事半功倍的效果?

了解了能力素质与业绩表现之间的紧密联系后，接下来的问题自然是如何让能力素质在实际工作中发挥最大的效用。本节将提供一些实用的建议，帮助管理者以终为始地提升员工能力，从而更快、更好地发挥人才的作用。

如何提前找到更有潜力的人才？

锁定未来的明星员工远比招聘合适的人才更为关键。能力模型最重要的目的是找到合适的人才，越早找到合适的人才，管理者越是拥有主动权。虽然员工工作表现好坏看上去一目了然，但导致其业绩波动的原因往往有很多，有些关键岗位，比如大客户销售、高级研发人员等，真正出业绩可能需要半年以上甚至数年的时间。能力模型的关键在于发掘未来业绩可能突出的那些人，对人才的任用盘点有正确预期，而不是像开盲盒一样。

事实上，**完美的岗位匹配是一个美丽的神话。**最实际的策略是提前发现潜力巨大的员工。无论是外招还是内部培养，投资于提前培养的员工可以节省时间，更有效地培养他们的能力。虽然看上去企业在初期需要一定的识别和培养成本，但从长远看，匹配度低的新员工除了表面的薪酬成本外，隐性的忠诚成本、时间成本和学习成本通常比内部培养高很多。

而达到完美能力模型的要求，对多数企业来说是一个挑战。能力模型本身就是标杆和理想，典型的能力模型可能只涉及 4 ～ 7 项要求，但实际上完全达到这些能力要求极其困难。一个企业如果有大约10%的员工达到这些要求，这已经是一个非常高的比例了。

即便仅仅是把“偏科”的员工变成“中等”水平，也代表了人才能力的重大提升。这一过程充满挑战，尤其是对于那些潜力上偏科严重的员工。例如，一个腼腆害羞、喜欢回避沟通的销售人员，无论进行多少技巧培训，他的进步速度都会远远慢于那些乐于沟通、善于与人建立联系的同事。如果能预先找出那些潜能较高的员工，其能力提升将会事半功倍。

能力素质的高低跟什么有关?

能力素质的高低通常是多种因素共同作用的结果。首先，个人的性格特质和动机价值观这些内在因素决定了个体在某些领域的天赋高低。其次，教育背景、专业培训和工作经验也是关键因素，能让个体发展其能力。但在一个领域能发挥到极致往往需要一定的天赋。

以沟通能力为例，这是许多岗位的关键素质。一个沟通能力强的人，首先，从意识上，至少不是一个会回避沟通的人，遇到事情会主动发起沟通。其次，是否有正确的沟通方法，沟通前能够明确自己的目标，提前预演沟通过程，还能够通过别人的反馈，去及时地调整个人的表达方式。再次，语言表达是否清晰，能否通过声音、语速和清晰的逻辑来确保信息的准确传递。最后，衡量沟通能力的核心在于沟通的成效，比如能不能从他人的角度理解问题，理解弦外之音，并据此有效解决问题。

即使是刚毕业的应届生，在沟通能力上也表现出显著的差异，这种差异在于他们与沟通能力对应的潜能的差异，如表 5-2 所示：①主动沟通通常与他们性格的外向性和说服意愿有关；②清晰表达能力与个体的逻辑思维相关；③理解他人的能力往往与同理心密切相关。因此，如果我们提前了解这些性格特征，就可以有效预测他们在沟通方面的潜力。沟通能力的潜力分析如表 5-2 所示。

表 5-2　沟通能力的潜力分析

指标	定义	
沟通能力	准确表达自己的意思，同时准确理解他人的意图，并按照当时的环境做出恰如其分的适当反馈	
二级指标	**行为表现**	**性格价值观**
主动沟通	不等待他人先开口，而是主动发起对话，展示开放和友好的态度 沟通前有明确的沟通目的，确保每次对话都有清晰的意图和预期成果	**外向** **宜人性**
表达清晰	在表达时逻辑清晰，观点明确，使信息传达无歧义 保持语速适度，不快不慢，以便听者容易理解和跟上 声音的大小控制在适中水平，口齿清楚	**逻辑思维**

续表

二级指标	行为表现	性格价值观
倾听	准确把握他人的需求、观点，能够体会他人讲话时的情绪状态 能够设身处地从对方的角度看待问题 能理解他人谈话中的潜在含义	**同理心**
沟通策略	根据在不同场合的沟通目标调整自己的说话方式 根据不同人的特点来调整自己的沟通方式，促进最大程度的理解	**开放性**

第二部分

立标尺：如何找到最适配的人？

第一部分，我们深入了解了人性的千人千面，在这一部分，我们将踏上寻找优秀人才的旅程，寻找与岗位匹配的人选。与岗位匹配的人可能不是最优秀的，但一定是合适的，找到他们可以巧妙地避免人才竞争，而且这些人同时也在找合适的发展机会。

选对人，用好人

第六章
以终为始：你需要的是哪一种人才标准？

管理者总喜欢挑选“合眼缘”的候选人——那些具有与管理者相似的学历背景、契合的沟通风格的人。这种做法看似高效，却容易“踩坑”，比如空降高管与团队文化的冲突、技术骨干在管理岗位上手足无措等。问题的症结，不是管理者失察，而是缺失了一把与业务共振的“人才标尺”。本章将以终为始，带你找到真正的人岗匹配标准。

构建真正的人才标准

我国的企业特别爱学习，从学习优秀的企业管理到学习优秀的人才标准，可优秀企业的人才一定是优秀的吗？这些人才标准适用于自己的企业吗？答案是否定的。本节将通过一个真实案例，带你感受如何从盲目跟风到构建真正适用于自己的人才标准。

学习标杆遭遇滑铁卢

在智创科技的高层会议室内，空气几乎凝固。在紧张的氛围中，公司的 CEO（首席执行官）吴明站在白板前，手中翻阅着一份厚厚的文件。这份文件是从他们仰慕的行业巨头华为获得的技术人才标准。文件详尽地列出了每个职位所需的技能和经验要求，这套任职资格标准帮助华为多年来在内部选拔和培养优秀的人才，就像任正非说的，华为的核心竞争力不是人才，而是对人才有效管理的能力。

吴明深信，现在人才培养速度慢，招不到合适的人，人岗不匹配，归根结底是人才标准不够清楚。他觉得人才标准就像技术标准一样，找到行业标杆学习，就是公司突破人才现状的关键。“这里有我们需要的所有答案。”吴明对团队说，他的声音充满了信心和期待。团队成员们互相对视，他们在老板的带领下已经取得了不错的结果，但这份人才标准文件显然要求更高更精细。

可惜几个月的实践下来，这套标准并没有达到预期的效果。虽然这些人才标准在理论上无懈可击，但在实际操作中却遇到了重重困难。招聘困难、员工不满、项目延误……问题接踵而至。在一次项目回顾会上，一位项目经理无奈地说：“我们的工作跟华为不一样，需要更灵活，这些标准规定得过于细致，跟我们实际工作环境和文化很不一样。”

吴明意识到，对于仍处于快速成长和探索阶段的公司来说，它显得有点不切实际。在一次激烈的战略调整会议后，吴明决定采取一种更适合当前需求的人才策略。

针对这几个月出现的问题，他与HR经过一周的研讨和调整，最终确定了新的人才管理标准。这套标准更注重候选人的底层能力素质，而非技术资格、经历、技能等细节。公司的招聘开始强调求职者的学习能力、创新思维、团队合作精神和自驱力，而这正是公司在激烈的市场竞争中所急需的。

新标准落地的效果很快显现出来，内部员工再也没有抱怨过自己被条条框框束缚，员工发展的目标感更强，同时新招聘的人员离职率也更低了，内部新项目的交付速度更快，团队的整体合作也更加顺畅。吴明在一次全体会议上满意地宣布：“我们不仅学习了华为的长处，更重要的是，我们找到了一种更适合自己的方式。”

什么是真正的人才标准？

人才标准是针对特定岗位或群体的一套评估和筛选人才的指标。这套指标通常涵盖知识技能、工作经验以及个人特质等方面，其中个人特质包括性格、价值观和行为模式。正确的人才标准能够帮助企业提高工作效率、促进团队协作，并驱动整体业务的成功。但人才标准跟技术标准不一样，并非指标越高越好，针对不同群体需要构建适配的标准。我们可以用一个冰山模型的框架来整体理解人才标准，如图 6-1 所示。

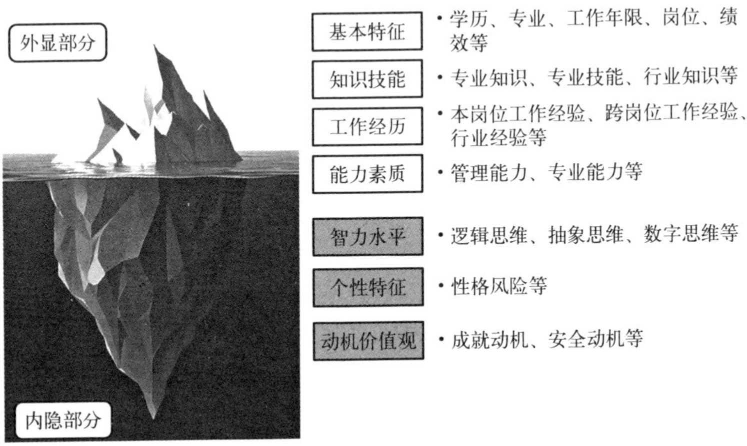

图 6-1 人才标准的冰山模型

冰山上是人才外显的部分，容易识别和判断，基本特征比如学历、专业、工作年限、工作经历等都是一目了然的信息，还有些能力是可以通过后天的培养去提升的，比如知识技能、能力素质等；冰山下是人才内隐的部分，绝大部分隐藏在内，难以识别和培养，却可以在很大程度上影响外显的部分。

是不是任何岗位有这样一份完整的人才标准就可以高枕无忧了？从智创科技的故事我们发现并非如此，甚至他们并不需要如此完整的人才标准，只需要关注能力素质就够了，再细化要求反而起到反作用。

构建人才标准有以下三点考量。

（1）企业发展阶段

人才标准的精细度跟企业发展阶段、岗位类型有关，越是初创企业的岗位，越是一岗多能，更强调通用的能力素质，如学习能力、沟通能力等；对于管理岗位，人才标准也会更倾向于共性的能力素质要求，如创新能力、领导力和战略思维等。

（2）标准使用场景

在招聘和选拔环节，为了更快、更准确地识别候选人，一套明确且完整的人才标准冰山模型至关重要，特别是冰山上的硬性条件，如基本的学历、专业、工作经验、知识技能等信息，能够帮助企业快速按图索骥。企业还发现隐性的潜能高低也很重要，这决定了人才未来发展的“天花板”。在人才的培养与发展阶段，更重要的是提升技能，改变态度和行为。此外，能力素质的高低以及个人发展的动力，也是需要重点考量的方向。

（3）管理成熟度

企业的业务发展永远是第一位的，对人的要求虽然表面上以业务发展为导向，但实际操作中更多以管理者偏好为导向，甚至可能出现招聘、培养用不一样的标准的情况！短时间可能问题不明显，比如为一个项目招募合适的人才，但长期来看，不仅会增加管理成本，也会让员工感到困惑。人才标准应该体现在人力资源管理体系中，与绩效评估、员工发展、激励机制等相联通，形成一个统一的框架。

接下来，我们将重点展开分析企业里面最常用的三类人才标准，以及它们的特点和最佳使用场景。

能力模型、任职资格和人才画像

能力模型：区分优秀和普通的核心素质

最早来自西方的能力模型是用绩效区分优劣，但如今企业使用能力模型不仅仅关注绩效，而是更全面、整体地评价一个人是否优秀。

最早胜任力的提法来源于 20 世纪 70 年代初，当时哈佛大学教授麦克利兰应美国国务院邀请，解决外交官选拔中出现的“高学历、高智商但实际难以胜任”问题。麦克利兰通过对表现优秀和表现一般的外交官进行大量访谈对比，发现有三种素质对于外交官最为重要：

① 跨文化的人际敏感性：能够准确理解不同文化背景下他人的言行，并明确自身文化背景可能带来的思维定势。

② 对他人的积极期望：即使在压力下，也保持对他人的积极期望，而不是对他人有负面的想法。

③ 快速进入当地政治网络的能力：在任何国家都能够迅速了解当地人际关系网络和重要关系人的政治倾向。

这是第一次用科学的手段构建外交官的能力模型，而不仅仅依赖传统的智商测试来选拔外交官。

而在中国古代，三国时期政治家、军事家诸葛亮，凭着经验和洞察力，最早在《将苑》中提出“观人七法”，作为选拔将领的人才标准，这些论述可以理解为早期的能力模型，如表 6-1 所示。

表 6-1　中国军事将领的早期能力模型

诸葛亮选将的观人七法	选将的人才标准
问之以是非而观其志	信念坚定、志向高远
穷之以辞辩而观其变	应变能力、压力管理
咨之以计谋而观其识	策略思考、见识
告之以祸难而观其勇	勇气、决断力
醉之以酒而观其性	修养、性情
临之以利而观其廉	廉洁
期之以事而观其信	诚信、可靠

提前构建能力模型，是为了充分发挥人才的作用。无论东方还是西方，构建能力模型最早都是从关键岗位上的人才开始，如军事人才、政治家；企业中的能力模型，最常见的也是用于那些关键岗位上的人才。企业在运行过程中，人才来来往往，从近期

看绩效，到远期看发展，因此构建的能力模型不能完全看业绩，也要看工作价值、文化价值观等因素。表 6-2 所示的是企业中最常用的能力模型类型。

表 6-2 企业最常用的能力模型类型

能力模型类型	能力模型举例	关键区分
管理岗位模型	● 基层、中层、高层管理人员人才标准 ● 领导力模型	看绩效，以及该管理层级的行为表率作用
专业序列模型	● 销售、运营人才标准 ● 技术、研发人才标准 ● HR 等人才标准	有量化业绩考核的岗位主要看近期绩效；需要长期产出结果的岗位看专业工作价值和贡献
企业人才观模型	● 对所有人的要求，如责任心、创新意识、奋斗精神等	是否体现了公司倡导的行为，是否认同公司文化

能力模型就像树立了一个方向标杆，让所有人知道这是公司倡导的方向和要求，让员工能够以此为镜，与公司树立的标杆相比，看哪方面应该提升。

任职资格：岗位晋升爬梯指南

任职资格，从名称上，我们可以粗略地解读为：你是否有资格在这个岗位上任职。任职资格与能力素质最大的区别是，一个看是否够格（任职资格），一个看是否优秀（能力素质）。当我们给一个员工安排岗位的时候，意味着基于他的基本条件，我们认为可以给他机会从事这个岗位，但并不意味着他一定能干得优秀。典型的任职资格标准如表 6-3 所示。

表 6-3　任职资格标准示例（以内控审计经理为例）

项目	角度	任职资格标准
关键定位和职责	承担角色	常规审计大项目、重要内容规划实施的组织者，项目负责人，项目团队审计质量、效率的督导者，审计价值具体实现者
	关键职责	1. 审计方案制定：根据审计目的，负责制订和组织审计项目计划，确保前期准备充分，以顺利开展审计工作 2. 现场审计实施：主持进退场会议，负责现场审计的组织和监督，针对发现的新情况调整审计方案，确保项目按期完成并达到预期目的 3. 审计报告与建议：基于审计结果，编写审计报告，提出改进建议，支持管理层决策 4. 后续跟踪与评估：监督整改进程，评估审计效果，推动管理改善 5. 项目总结与指导：总结项目工作情况，评价审计质量和效率，将新业务类型审计的实施过程编写成指南 6. 审计专项方案与管理建议：结合公司战略和经营目标，提出审计专项方案或建设性管理建议
基本条件	学历	本科及以上
	专业	会计、财务管理、审计
	工作经验	5 年以上
	职业资格	CIA（国际注册内部审计师）、CPA（注册会计师）优先

续表

项目	角度	任职资格标准	
专业产出	专业成果	1. 年度审计项目：带领团队至少完成 3 个审计项目 2. 追回损失：作为项目负责人，确保年度内追回的损失金额不少于 80 万元，包括减免部分 3. 缺陷整改与风险防控：在审计中发现并帮助整改至少 3 个重要缺陷和 1 个重大缺陷；在主导的项目中，对高风险事项提出风险提示，并通过建议推动相关部门进行有效防控	
	专业赋能	1. 审计经验分享：年内至少参与 4 次审计经验分享，每次持续时间不少于 30 分钟 2. 审计方案与体系更新：年内主导更新并完善本领域的审计方案及体系，确保这些更新被实际应用并助力其他审计团队发现问题	
能力	知识	审计知识	掌握审计的基本原则、方法及其在不同行业中的应用，确保能有效评估和提升组织的财务能力和运营效率
		财务知识	掌握财务报表分析、成本控制和预算管理等核心技能，以支持审计工作中的财务分析与判断
		行业法律法规	熟悉行业相关的法律法规和合规要求，确保审计工作符合监管标准
		法务税务常识	掌握税务法规及常见的法律风险，确保审计工作在税务和法律合规方面无误
		经营管理	掌握现代企业管理的关键技能和策略，包括资源管理、风险控制和决策支持，以提升组织的运营效率
	专业技能	评估风险	能够识别和分析潜在的财务和运营风险，评估其对企业的影响，制定合理的应对策略

续表

项目	角度	任职资格标准	
能力	专业技能	穿行测试	深入了解业务流程，能够通过穿行测试检查关键控制点的有效性，确保其符合既定标准
		审计抽样	熟练运用审计抽样方法，确保审计范围内的数据具有代表性，并做出合理的判断和分析
		数据分析	精通各种数据分析工具和技术，能够从大量数据中提取有价值的审计见解，以支持决策
		报告撰写	具备出色的写作能力，能够将审计发现和结论清晰地撰写为正式报告，并提出可操作的建议
	专业能力	能力素质	系统性、高效执行、培养新人、跨部门协调
潜力	个性匹配	性格特征	责任感、主动性、严谨
	价值观匹配	驱动因素	成就需要、道德和价值观

一个做内控审计的员工要想获得经理的职位，就要从经理的岗位角色和职责出发，满足这些基本条件、专业产出和能力要求之后，才能有资格从事这个岗位。要基于这条标准，对员工进行评定，判断员工是否能达到审计经理的要求。

国内企业最早由华为于 1998 年引入英国国家职业资格（NVQ）体系，随着业务发展和内部管理规范化，企业对任职者的要求越来越高，需要用更科学系统的方式评价员工，让组织有尺子，员工有梯子，对自己照镜子，任职岗位有标准。其中，任职资格标准与员工晋升通道的关系如图 6-2 所示。

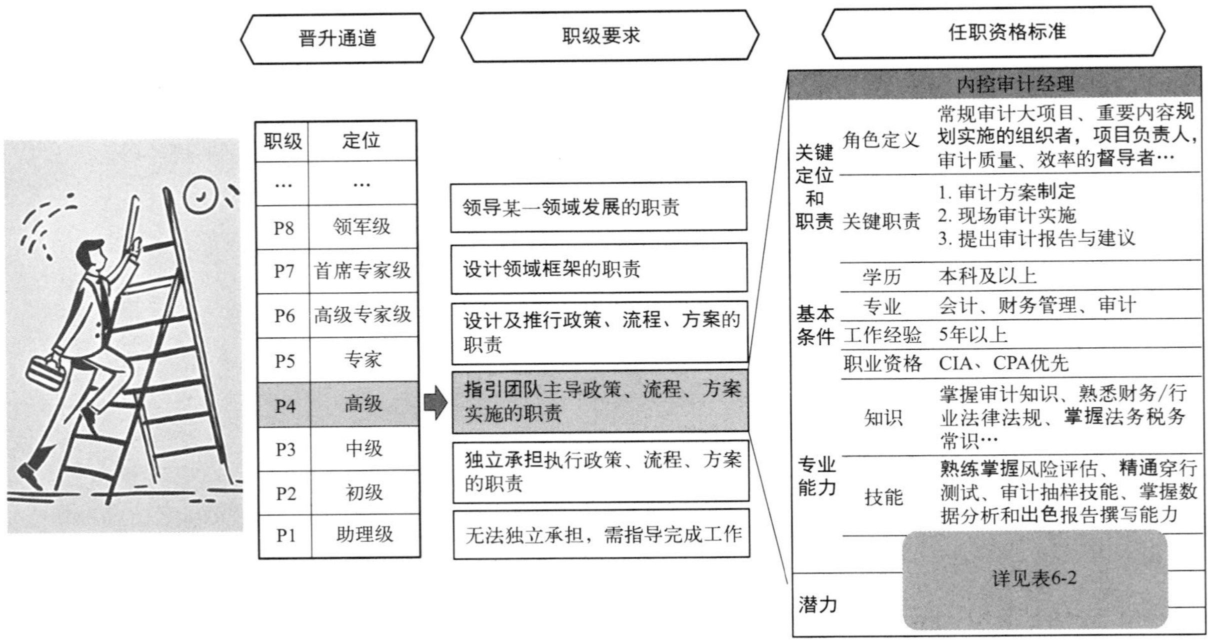

图 6-2　任职资格标准与员工晋升通道的关系

设定任职资格标准虽然也是为了牵引员工不断向上挑战和发展，但核心目的不在于找到最优秀的员工，而在于确保每个岗位的员工是符合基本要求的，保证员工的基础素质。如果把企业当作一个运行良好的大机器，员工就像驱动机器发展的部件，每个部件的质量决定了整个机器的运转效率和整体质量。

对于员工来说，他们希望每个级别的递进都是合理的，特别是在晋升关联着薪资收入的情况下，合理管理晋升通道是避免冲突和消极情绪的有效手段。随着公司规模的扩大和员工的增多，我们可能会将这些梯级晋升通道设置得更加细致，这也是许多大型企业的晋升体系看起来特别复杂的原因。

人才画像：优秀榜样长什么样子？

近年来，除了传统的能力模型和任职资格，随着互联网的兴起，人力资源管理借鉴“用户画像”的概念，发展出了“人才画像”这一新的标准。人才画像旨在生动具体地描述一个岗位的理想候选人应具备的特质。

让我们通过一个非常典型人群的例子来理解这一概念，典型人群会自动描绘出这个人的特征。当我们提到“天仙”这一形象时，很多人可能会想到女明星；提到企业家，可能会联想到某些知名的商界领袖；提到政治家，可能联想到具体的历史或现代政治人物。

与人才画像特征最像的是“用户画像”，如图 6-3 所示。用户画像这一概念最早用于市场消费者研究领域，它使企业能够快速锚定服务的对象，意味着依据画像所描述的特征找到的这类消费者更容易产生购买行为，或持续复购。清晰地描绘这些画像，不仅可以确定能够成功的人才画像，更重要的是能够明确去哪里挖掘这些人才，如何培养，从而给出具体的指引方向。这种方式帮助我们具象化理想中的角色，但这并不意味着只有符合这些具体形象的人才能成功。

用户画像

宠物粮公司典型用户

22～35岁

男女不限，女性居多

大专及以上，本科居多

收入 5000～15000元，部分高收入者可达20000元以上

居住 公寓或小户型住宅，为宠物设置专门区域

休闲时间 工作节奏快，休闲时宅家与宠物相伴或参加宠物社交活动，爱健身和跑步

养宠情况
- **宠物种类** 以猫、狗为主
- **养宠态度** 视宠物为家人，科学养宠，注重训练和宠物心理健康

消费行为
- **购买追求** 关注营养成分、原料来源和安全性
- **购买渠道** 以电商平台为主，也会去专卖店和超市
- **消费心理** 情感驱动，愿意为宠物健康投资；受品牌口碑影响大

购买决策
- **产品质量** 研究成分、材质等，参考他人评价和专业测评
- **品牌口碑** 倾向知名品牌，注重品牌形象和价值观
- **他人推荐** 重视朋友、宠物医生及社交平台上的经验分享
- **产品功能** 依据宠物具体情况选择营养配方和类型合适的宠物粮

人才画像

算法工程师

年龄不限

硕士及以上学历，计算机科学、数学、统计学

工作经验：3年以上算法研发经验，有实际项目的算法模型开发、优化和部署经验

认证/奖项　拥有相关专业认证(如机器学习工程师认证)
在知名算法竞赛中获得奖项(如Kaggle竞赛)

资格相关　发表高质量学术论文或专利者优先

项目经验：参与过大数据处理、图像识别等相关项目

有模型训练、调参和性能优化的实战经验

技术技能　熟练掌握数据结构和算法原理，精通机器学习、深度学习算法
熟悉常用算法框架(如TensorFlow、PyTorch)，精通Python、C++、Java等编程语言，具备大规模分布式系统开发经验

能力素质　逻辑分析能力、沟通协作能力、团队合作能力、创新思维

人格价值观　对新技术有强烈的好奇心，耐心细致、自我驱动、严谨、开放性

图 6-3　用户画像和人才画像

人才画像的核心在于塑造一个理想人才的样子，它比能力模型更具体，如果说能力模型是高度抽象人才的核心特征，那么人才画像就是充分展现这一类人才的真实状态，看上去跟任职资格要求很类似，但本质上是两种逻辑标准。人才画像、任职资格和能力模型之间的差异和相同点如表 6-4 所示。

表 6-4 人才画像、任职资格和能力模型的异同

项目	人才画像	任职资格	能力模型
一句话描述	对特定岗位**最理想人才**的全面画像，包括学历、经验、技能、性格特征、价值观等方面	特定岗位所需的**最低**要求和条件，如学历、工作经验、证书等	特定岗位或人群**达成最佳**工作成效的优秀人才所具备的行为表现
应用范围	招聘、内部选拔、发展、职业规划等多个环节	晋升的初步筛选和资格审核	人才培养、继任计划和组织发展等领域
侧重点	硬技能：专业技能、经验；软技能：性格、价值观、潜力；文化契合度	学历要求、工作年限、专业资质和证书、专业贡献	行为表现、能力等级和标准
优势	找到最契合的高潜力人才，提升团队整体素质	确保选拔公正公平，提高筛选效率	提供清晰的能力提升路径，有助于人才培养
劣势	标准过高可能限制人才范围	过于强调硬性条件，可能错过更有潜力的人才	需由专业人员构建和评估

虽然人才画像可以让我们更容易捕捉优秀人才的差异化特征，但每增加一项标准，就会排除一部分人才选项。因此，人才画像和任职资格体系大多应用在中大规模企业，规模较小的企业运用能力模型更有性价比。对于业绩能被强量化的岗位，运用科学的统计分析能够发现年龄、专业背景等因素与绩效的关联，那可以增加这些因素作为人才画像的一部分。

我们现在已经了解了人才标准及使用场景，那么如何构建人才标准呢？下一章我们将会重点说明人才标准的构建方法。

第七章

靶向建模：你心中的人选是不是最佳人选？

在构建人才标准之前，先看看你是不是也这样挑人：专找“翻版的自己”，总觉得与自己年轻时相似的人才能复制你的成功；要么死磕背景光鲜的全能型人才，要么只认敢闯敢拼的“野路子”；听说业界精英推崇“人才密度”，就给传统工厂生硬地引入高学历人才。本章将介绍人才建模指南，让你心中的人选变成能推动业务发展的最佳人选。

构建最佳人才标准

在之前的章节里，我们介绍了人才标准的几种类型，以及典型的人才标准的样子。那么究竟通过什么样的方法，能够找到匹配岗位的最佳人选呢？人才标准也跟企业战略定位一样，一开始的方向就不能弄错。

定位要精准：要找什么样的人？

A老板想招聘一名司机。应聘的人很多，其中有一位小伙子叫小C，开车技术一般，但对汽车的构造和维修非常了解，擅长在短时间内解决一些突发的小故障。虽然其他应聘者开车技术都比他好，但A老板最后还是选择了这位小伙子。

旁人很不解，老板解释说："我经常要在外出差，路途遥远，如果车子在路上出了问题，一个只会开车而不懂维修的司机，可能会让我耽误很多时间。而小C虽然开车技术不是最强的，但他懂维修，在关键时刻能发挥大作用。"对于A老板的司机岗位，重要的是长途行程中的保障能力，而非驾驶技术，明确岗位具体又特殊的需求，才是确定人才标准的关键。

对于要找什么样的人，每个管理者心中都有一杆秤，但如果没有科学的标准，这杆秤可能会失衡。在构建人才标准时，关键在于**精准定位**。通过全面、严谨、广泛的信息收集和访谈调研，找到这个岗位上区分优秀人才和一般人才的关键因素。

为了精准定位，我们需要重点了解以下四类信息。

（1）我们是谁

了解公司的业务情况、文化价值观和所处的发展阶段，从大范围中框定我们对人的差异化要求是什么。比如多年业务稳定的大型金融机构，强调合规、稳健和专业，对人的要求必然有遵守规则、专业和稳定；而初创科技公司，要求的更多是创新思维、适应性强和多种复合技能。

（2）我们要去哪里

了解在可想象的未来，对人才的需求与当前有何不同。这有助于确定未来岗位所需的能力和素质。比如，在技术快速迭代的岗位上，技术能力强可能不是最重要的，以高效的速度学习 AI 这类新兴技术可能更为关键。

（3）我们可以学习谁

研究行业内领先企业对类似岗位的要求，特别是那些业务流程、产品和经营模式与我们相似的企业，这可以帮助我们借助标杆，少走弯路。

（4）我们的挑战是什么

现有的岗位有什么样的挑战？现有岗位上的员工遇到了什么样的重复性问题？比如，过去岗位上的员工在完成具体的工作执行任务时，效率很高，但是不会主动思考这份工作对客户的影响是什么，对客户的关注度不足，导致产品和服务的效果不佳，因此“客户导向”就是未来的核心关键因素。

那么，如何快速有效地获取上述四类信息呢？我们可以采用自上而下和自下而上两种方法。

（1）自上而下的方法

从公司的宏观角度出发，了解未来岗位的要求。主要途径包括：

高管访谈：与公司领导层深入交流，了解公司的战略方向、未来组织能力的建设需求，以及对人才的期望，访谈内容如下。

高管访谈提纲

① 被访谈者相关信息。

请您介绍一下您的工作经历（主要是公司经历、目前岗位等）。

② 公司战略背景及业务情况（公司概况、战略以及关键成功要素）。

a. 请您结合当前经济形势、×× 行业现状和公司发展趋势，介绍一下公司未来 3 ~ 5 年的发展战略和发展方向，以及在发展过程中可能会面临的机遇与（内外部）挑战。

b. 从未来 3 ~ 5 年的战略目标和规划来看，这些目标和规划给各业务线（部门）带来哪些挑战？要顺利实现以上目标，您认为各业务线（部门）应该重点关注哪些关键因素？为什么？请举例说明。

③ 某岗位的人才标准要求。

a. 您如何总结公司所倡导的企业文化和价值观？就您所理解，公司实际的用人理念是什么？最看重人才的哪些方面？

b. 您认为我们对于岗位人员来说具有的优势有哪些？在哪些方面有待提升？

c. 您对岗位人员的定位和期许是怎样的？希望他们能够对公司战略、业务发展等方面起到怎样的影响和作用？请谈谈您的具体想法。

d. 作为某岗位人员，他们可能会面临的挑战和压力有哪些？应对这些压力和挑战，您认为他们需要具备哪些能力？请举例说明。

e. 您认为某岗位需重点关注哪些能力？为什么觉得这些能力的要求很重要？请结合实例谈谈。

f. 在您看来，公司对某岗位通用能力的要求有何相同点和差异点？

战略文件分析：研究公司的战略规划、业务计划等文件，提取对人才需求的关键信息。

标杆企业调研： 分析行业内领先企业的人才标准，借鉴它们的成功经验。

通过这些方法，我们可以明确公司未来需要什么样的人才，以及这些人才需要具备哪些核心能力和素质。此外，还要考虑公司文化对人才的要求。每家公司的文化都有其独特性，对商业思维和行为准则的期望也各不相同。

（2）自下而上的方法

从岗位的实际需求出发，深入了解具体工作的要求。主要途径包括以下方面。

员工访谈： 首选用访谈的方式获取信息，比如我们构建一个运营岗位，就需要向这个岗位上的优秀和一般的员工进行访谈，了解他们的工作职责、任务、目标以及面临的挑战，分析他们在能力和表现上的差异。访谈内容如下。

员工访谈提纲

① 受访者相关信息

a. 请您介绍一下您的工作经历（主要是公司经历、目前岗位等）。

b. 请您谈谈您所在岗位的具体工作职责和内容是什么，关键工作内容有哪些？

② 人员能力的要求

a. 就您的理解，公司的用人理念 / 价值观是什么？最看重人才的哪些方面？

b. 您认为成为本岗位绩优人员应具备什么样的素质？请说说您的具体理解（如能力和某些必要的素质），为什么？请分别举例予以说明。

c. 目前您工作的考核指标主要有哪些？其中哪些指标的完成具有比较大的挑战性？请举例说明。

d. 请谈谈要做好您目前的岗位应该具备怎样的能力。面对未来的挑战和发展，您觉得个人哪些方面做得好、值得发扬，哪些方面还是有待提升的？

e. 您目前岗位面临的挑战和压力有哪些？要应对这些压力和挑战，您认为需要具备哪些能力或素质？请举例说明。

f. 请分别分享一个您在目前岗位上做得比较出色和比较遗憾的事例（包括具体情景、任务、遇到的困难、采取的行动、结果等）。

焦点小组讨论：对于人员众多的岗位，一对一访谈可能会过于耗时，有时候仅仅需要了解最突出的核心问题，这时候可以组织小组讨论，获取更广泛的看法。比如组织 10 人左右的优秀或者普通小组一起来讨论。与一对一访谈不一样的地方是，主持人需要提前准备好访谈需要的议题和话术，在讨论中聚焦对人才标准的要求，避免话题分散。

通过这些方法，我们能够从实际工作中发现优秀人才所具备的特质，以及他们如何应对工作中的挑战，总结出精准定位人才的四个关键步骤。

步骤一，明确组织需求。结合公司的战略方向和文化价值观，确定人才需要具备的核心能力和素质。

步骤二，分析岗位挑战。了解岗位目前面临的关键挑战，明确应对这些挑战所需的能力。

步骤三，对比优秀与一般。通过对优秀人才与一般人才的比较，找出区分他们的关键因素。

步骤四，参考外部标杆。借鉴标杆企业的成功经验，完善对人才的定位。

精准定位是构建人才标准的核心。通过全面收集和分析信息，让所需的人才标准浮出水面，让所有人都明确人才的标准。这不仅有助于有效地识别和培养高潜力人才，还能确保人才战略与组织目标高度一致。

快人一步，敏捷建模如何重塑标准？

陈琳是C公司这个新兴连锁零售企业的人力资源总监，该公司正在全国范围内迅速扩张。近期，公司计划在未来3个月内新开100家门店，需要招聘大量的店长。

李总在销售会议上对陈琳提出要求："要在最短的时间内完成新店的人员配置，人员要马上到位，要找到那些优秀的店长，实在不行从内部找有潜力的后备店长！"陈琳接受了CEO的任务，她知道第一件事就是要把优秀店长的样子画出来，按照传统的人才标准构建需要耗费大量时间访谈和调研，公司人员规模大，管理者多，至少需要一个月的时间。她意识到，这样构建标准肯定来不及了，必须寻找**一种更快速、更高效的方法来构建人才标准**，快人一步找到合适的人，抢占市场。

在业务发展快、变化快，往往等不及长周期的访谈或调研的情况下，怎么快速又有效地把人才标准明确下来？**敏捷建模方法**是一个不错的备选方案。敏捷建模，顾名思义，不需要长时间或大量的人力投入，却能提供较为可靠的人才标准。这主要得益于两个核心元素：**数字化的测评工具**和**建模共创会**。

敏捷建模方法虽然也需要提前了解业务情况、公司发展、岗位情况等，但重心不在这里，而是用更轻便的数字驱动的方法，把同岗位优秀人员和普通人员的特征对比分析，看究竟是什么区分了优秀和普通。

以C公司的店长为例，图7-1为C公司店长的心理测评数据分析。

图中优秀店长和普通店长的区别一目了然，优秀店长热情，善于沟通，能营造积极的工作氛围。他们往往逻辑思维能力强，能迅速解决问题；情绪稳定，在压力下保持冷静。在团队管理中，他们主动引导团队，思维开放，乐于接受新事物，适应市场变化。他们对工作有高标准，追求卓越，注重细节。这些特征让店长在管理和创新上更出色，提升了店铺的竞争力和业绩。

相比之下，普通店长可能缺乏这些特质，沟通和领导能力较弱，创新意识不足，对细节关注不够，影响店铺的运营效率。

用心理测评数据分析虽然简单有效，但需要挑选在同一类岗位上优秀和普通的员工至少15人，适合人数众多的岗位。但有些关键岗位，可能全公司找不出5人。这时，数据测评的结果可以作为参考，但需要结合其他方式综合判断，比如建模共创会。

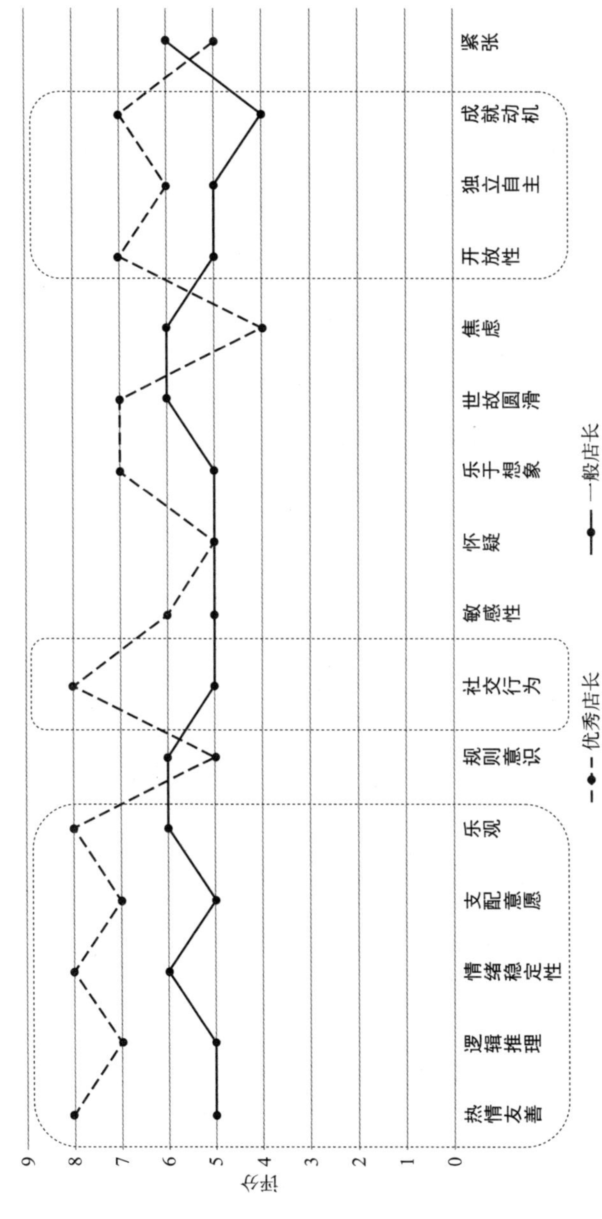

图 7-1　C 公司店长的心理测评数据分析（以 16PF 人格特质为依据）

建模共创会是以模型构建为目标的专题讨论会，邀请对岗位最了解的人，包括关键岗位的上级、未来合作密切的同级共同参与。共创会的优势是能够集思广益，从多人不同角度了解岗位要求的各个方面，通过一场至少半天的研讨活动，统一结果，如图 7-2 所示，提高建模的效率和准确性。

共创会需要讨论的关键问题如下：

- **岗位需要什么样的特质 / 能力要求？**
- **岗位面临的挑战是什么？**
- **对该岗位工作的具体要求有哪些？**
- **……**

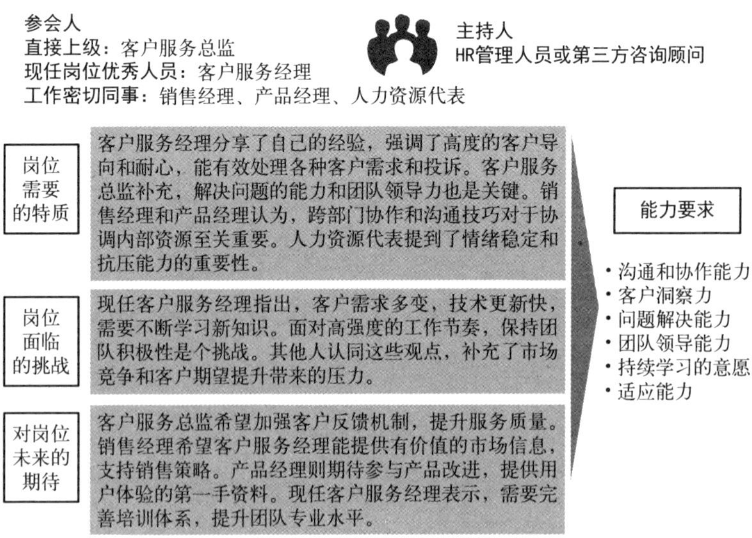

图 7-2 一次客户经理共创会的速写记录

共创会里每个人对这些问题都有自己的见解，有可能出现意见不一致的情况。这时，就需要主持人来引导共创会，主持人可由 HR 管理人员或者第三方咨询顾问担任，规范研讨规则，引导讨论方向，以确保讨论朝着正确的方向进行。

为确保多种意见达成共识，除了**引入第三方引导**，还可以使用辅助工具，如**能力模型素质框架卡片**，它们可以帮助团队快速理解各项能力素质的定义和内涵，避免因理解偏差导致的分歧。能力模型素质框架卡片，可以理解成一个能力选择库，依据岗位的要求和能力卡片的描述可快速匹配选择，如图 7-3 所示。

能力素质的概念往往抽象，每个人的理解可能有所不同。**能力模型素质框架卡片**可以：

- **提供清晰的定义：**明确每项能力素质所指的具体行为和表现。
- **统一认知：**确保所有参与者对能力素质的理解保持一致，提高讨论效率。
- **支持决策：**在讨论中作为参考依据，帮助团队更客观地评估各项能力的重要性。

敏捷建模的优势：

- **高效性：**不需要长时间的调研和访谈，节省时间和人力成本。

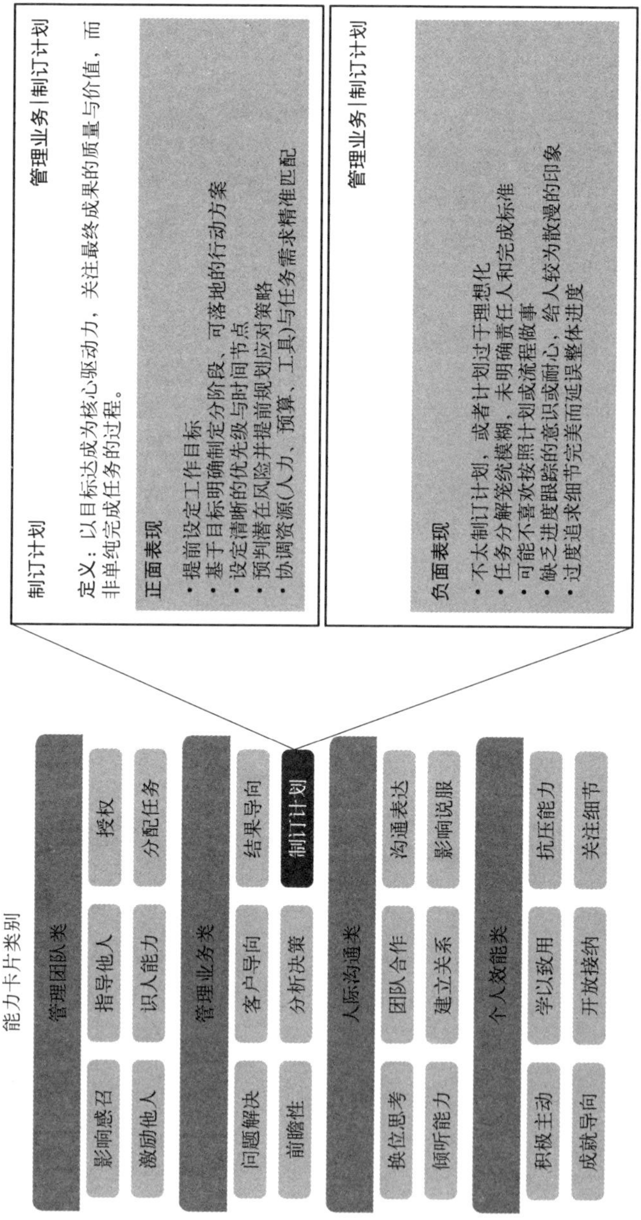

图 7-3　能力模型素质框架卡片示例

- **灵活性：**可根据实际需求调整模型，适应快速变化的市场环境。
- **可靠性：**通过数据驱动的方式，确保结论的客观性和可信度。

人才标准构建如何走捷径？

HR张经理接到了老板的指令，老板对现在基层主管的工作表现很不满意，要求这几天把基层主管的人才标准构建出来，以后按这个标准招聘和培养，要求2天内给汇报结果。虽然张经理跟老板汇报过建模需要组织人员一起讨论，但是老板想得很简单，认为构建人才标准不需要很复杂，也没有必要测评，借鉴一下行业里面的要求就行了，“我们的公司又不是很特殊，怎么会没有可借鉴的地方呢？”

老板的想法并非不可行，除了照抄之外，确实有些捷径可以走，下面介绍三个可参考的捷径。

不同发展阶段的选人策略

在企业发展的不同阶段，对人才的需求有非常明显的差异，明确企业现在的发展阶段，可以快速锁定所需的人才标准。

初创期的企业：企业面临的核心挑战是，在资源有限的情况下如何快速满足市场需求并取得结果。员工需要承担的角色更多是多面手，而非局限于单一职能，需要在多个角色之间灵活转换，因此**适应能力和学习能力**比较重要。同时，初创企业业务开展多数没有固定章法，但需要解决一个又一个具体的问题，比较适合**解决问题能力强**或者**创新思维水平高**的员工。

发展期的企业：随着企业从小规模、小团队迅速膨胀到数百人甚至上千人的组织，对团队的需求也在不断变化。在这种扩张中，**团队合作和领导力**显得尤为关键。企业不仅要管理日益复杂的组织架构，还需引领团队稳健发展。在这个快速成长的阶段，识别员工的未来潜力变得至关重要，**高潜力人才**才能快速应对和适应不断上升的挑战。

成熟期的企业：企业进入成熟期时，稳定性和效率变得尤为重要。此时企业通常拥有完善的专业分工，岗位配备专业人员。工作不求广泛，但求深入。可能企业在行业中已有深厚的积累，员工的**忠诚度**和对企业的**认同感**也格外重要。人才标准的构建更倾向于稳定，形成一系列以岗位为核心的任职资格标准，确保团队长期稳定发展，有梯次、有继任。

转型期的企业：无论是业务方向调整还是绩效不佳的挑战，企业都迫切需要实现新的突破。这一过程通常伴随着企业内部的动荡，这个时期管理者的能力尤为重要，需要他们具备**敏锐的商**

业洞察力，还需要有高度的**适应变化的能力**，甚至**引领变革的能力**，在变革中还能**凝聚人心**。

综上所述，企业不同发展阶段的关键挑战和重点关注的能力总结如表 7-1 所示。

表 7-1　企业不同发展阶段的关键挑战和重点关注的能力

发展阶段	主要挑战	人才标准重点考虑的因素	重点关注的能力
初创期	资源有限，快速适应市场	适应性强，文化契合性，复合型人才	创新思维，快速学习能力，多任务处理
发展期	市场扩展，竞争加剧	专业技能，行业经验，团队管理和领导力	专业技能深化，领导力，团队协作
成熟期	市场饱和，优化运营效率	稳定性，细分专业精神，组织忠诚，规则导向	高级管理能力，效率优化，战略决策
转型期	应对行业变革，探索新业务	变革管理，新技术与新业务理解能力，战略视野	适应变化能力，创新思维，战略规划

不同应用场景的人才标准

以招聘选拔为目的，工作经验和技能是否与岗位要求匹配，员工是否能够立即上手并胜任工作。胜任只是第一步，我们希望他们不仅能胜任，而且能融入团队，符合企业的价值观，在岗位上长期稳定地发展。重点关注维度为岗位技能、适应能力和价值观。

以员工发展为目的，我们不仅关注他们当前的能力，更重视其潜在素质。通过识别具有高发展潜力的员工，可以优化他们的职业成长路径，快速提升其能力，确保他们在未来扮演更重要的角色。重点关注维度为能力和潜能。

以人才继任为目的，注重综合评估员工的能力及潜力，特别是需要了解他们自己的职业生涯规划。这不仅涉及他们是否愿意接受新岗位的挑战，还包括评估他们的动力和对未来发展方向的承诺，确保人才的持续流动和业务的长远发展。重点关注维度：综合考虑能力、潜力和驱动因素。

综上所述，企业不同应用场景中应该关注的人才标准维度如表 7-2 所示。

表 7-2 企业不同应用场景中关注的人才标准的维度

应用场景	需要考虑的主要因素	重点关注的维度	人才标准应用的目的
招聘选拔	技能匹配、文化适配性、潜力评估	适应能力和岗位技能、价值观	确保招聘到的人才符合当前岗位需求，能够融入组织文化，具备发展潜力
员工发展	职业路径规划、学习动力、绩效反馈	能力、潜能	促进员工在职业生涯中的持续成长，提升其整体能力和适应未来角色的潜力
人才继任	关键职位的需求、潜在领导力评估、发展和备份计划	潜力、能力、驱动因素	确保关键职位有合适的接班人，维持组织稳定和管理的连续性

能不能借鉴标杆公司的标准?

销售会议的第二天，李总看到人力资源总监陈琳眉头紧锁，他走到陈琳面前说：“你不要想得那么复杂，我们行业的标杆企业A公司，你就看他们招什么样的店长，我们抄过来不就行了？”陈琳很清楚标杆企业的标准固然高效，但直接照搬真的合适吗？标杆企业的规模和资源都远超自己所在的C公司，两者的文化和商业战略也有着根本的不同。此外，C公司在一些区域市场中推崇的是高度的顾客个性化服务和社区融入，这与行业内的标杆企业追求标准化、效率化的运营模式截然不同。

这就是一个核心议题，什么时候能抄作业，什么时候不能抄，如果能抄，抄到什么程度。

借鉴标杆企业的人才标准通常是构建有效人才体系的快捷方式。这些企业在同行业、同类型岗位上所面临的挑战大体一致，提供了宝贵的参考模板。然而，直接复制这些标准可能并非最佳策略，主要由于以下四个原因。

首先，企业文化存在差异。标杆企业可能倡导极端的业绩导向文化，如狼性文化，强调业绩至上。如果我们的公司文化倾向于强调团队协作，直接模仿可能会导致文化不适应，加剧团队矛盾，在业绩不明确的情况下，过度竞争可能不会带来预期的激励效果，反而造成团队分裂。

其次，人才标准需支持公司特定的商业目标。如果标杆企业的目标是追求市场主导地位，而我们的目标是在细分市场中提供差异化或定制化服务，这种差异要求我们在人才标准上进行调整，无论是在销售、客户服务还是研发技术方面，都要确保其符合我们的商业战略。

再者，组织规模结构不同。大型企业在运营和人力资源管理方面可能与我们有很大的不同。他们的人才标准可能侧重于特定细分领域的专业能力，而我们可能需要的是能够在多个方面展现能力的复合型人才。

最后，直接复制忽略了企业的独特需求和环境。成功的人才管理策略应当根据企业自身的业务需求、文化特性和市场定位来定制，才能真正发挥其在组织中的最大效能。因此，虽然可以从标杆企业汲取灵感，但必须通过适当调整来确保这些标准适合我们自己的业务环境。

第八章

快速入门：掌握关键岗位的人才标准

虽然每个企业的业务情况千差万别，但同类岗位面临的工作挑战可能类似。我们列举一些关键岗位所面临的常见挑战，以便读者能够科学地“抄作业”，快速掌握关键岗位的人才标准。

谁能做管理者——管理人员画像

管理人员既是企业中最重要的关键岗位，也是对其要求最容易产生分歧的岗位，似乎每个企业对管理者既有共性的要求，比如沟通协作、管理下属，又有特定的要求。那究竟在企业里谁最适合做管理者？我们从管理人员的挑战说起。

做管理太难了：管理人员的主要挑战

小张是一名业务能力突出的骨干员工，凭借出色的表现，他被提拔为管理者，本以为这是职业生涯的一次飞跃，却没想到挑战如暴风雨般席卷而来。

小张满心期待地准备大干一场，但不到半年，他的脑海中充斥着各种“为什么”。为什么同样的管理任务，不同的人执行起来效果千差万别？为什么自己努力去管人，却总是感觉力不从心？为什么想要授权下属，却总是担心任务无法完成？为什么努力去激励员工，却还是有人会和自己唱反调？

做过管理的人都深知，管理绝非易事，而要成为一名优秀的管理者更是难上加难。管理人员在工作中往往面临着诸多挑战。

在构建管理人才标准时，我们首先要明晰这些挑战对人的具体要求。不同层级的管理岗位，其管理幅度存在差异，主要体现在三个方面：其一，管理的业务复杂度不同；其二，组织的复杂度不同；其三，面临的挑战重点不同。

首先，所有管理者都必须做到管事、管人。通常来说，绝大部分管理者都是因业务能力出色而被提拔，所以他们的业务能力普遍较强。然而，他们面临的挑战在于能否忍住不一竿子插到底，能否合理地将任务分配给员工，这涉及任务安排下的计划管理能力以及任务拆分能力。再就是管理人的能力。多数管理者在刚开始做管理工作时，管理能力通常较弱。理解员工、激励员工、培养员工，是管理者需要提升的重要能力。

其次，对于管理者而言，跟公司一条心特别重要，有些企业的管理者将其称之为文化价值观匹配。这是公司对管理者的基本要求，他们要充当上传下达的角色。所有管理者都有上传下达的重要功能，就像传导器一样。如果他们不能将公司的方向准确传导下去，那么即使个人能力再强，也难以对公司发挥重大作用。因为到了管理层，就不再是单打独斗，而是要带领团队走向成功。

不同层级的管理者，往往面临着不同挑战：基层管理者需在一线协调任务执行、管理激励员工，还要突破沟通障碍向上级准确反馈，任务艰巨；中层管理者要承接战略并拆解落实、监督执行，同时打造团队与培养人才，面临双重压力；高层管理者面临制定战略、把控方向、整合资源及引领变革创新等关键挑战，责任重大且难度高。

接下来，我们将深入分析不同层级管理人员的能力要求。

基层、中层和高层管理人员的能力要求

（1）基层管理者

基层管理者作为奋战在一线的管理者，直接接触的是最基层的业务问题，他们所负责的单元是最小的业绩产出单位。因此，其能否高效获取成果，直接决定了这一一线业绩产出单元的工作效率与成果质量。

对于基层管理者而言，他们面临的最大挑战在于实现角色转

变，即从只需管好自己、做好个人业绩，转变为带领整个团队一同迈向成功。具体来说，他们存在几个关键卡点：

其一，能否将各项事务细致拆分，以便分配给经验和能力稍逊的下属去执行。这需要管理者具备精准拆解任务的能力，确保每个下属都能明确自己的工作职责。

其二，当发现下属能力不足时，能否克制住自己不直接插手一线的具体执行工作，而是着重去帮助下属提升能力。尽管这么做可能在短期内导致工作效率有所降低，但从长远来看有助于团队整体能力的提升。

其三，无论是管人还是理事，其最终目的都是要取得预期的结果。基层管理者必须以团队的业绩目标为导向，全力以赴去实现最终成果，无论成果何时呈现、质量要求如何，这本质上考验的就是他们的执行力。

（2）中层管理者

中层管理者是基层管理者的上级，其管理幅度相较基层管理者更宽，他们所管理的下属皆是各个业务板块的管理者。通常，他们还是某业务条线的负责人，肩负着推动整个业务条线发展的重任。

然而，他们一般并不在公司的决策层，所以对他们来说，关键在于如何准确理解公司的业务战略方向，确保自己所负责的业务板块能够有力地支持公司业务战略的实现。

此外，他们还需做好上传下达的工作，将公司的业务目标分解并传达给下属团队，同时激励团队去完成相关任务。

由此可见，中层管理者面临着几个重要挑战：

首先是上传下达工作要到位，确保信息在上下级之间准确传递，避免出现理解偏差或执行断层。

其次是能够合理地将任务分解并推动执行，要根据业务目标和团队实际情况，制定出切实可行的执行方案，让每个下属团队都清楚知道自己的工作任务和目标。

最后，他们也涉及团队建设方面的工作，不过由于其团队规模更大，已不再是一对一的辅导和激励模式，而是要着眼于整个团队乃至整个梯队的建设，培养团队的凝聚力和战斗力，为业务条线的持续发展提供有力支撑。

（3）高层管理者

高层管理者基本上已进入公司的决策层，他们的决策很大程度上决定了公司某一层面乃至整体的发展方向。

对他们而言，关键在于是否具备敏锐的经营意识，能否站在宏观角度看清公司发展的更大蓝图。他们就如同公司这艘大船的掌舵人，其指引的方向必须正确无误，做事要有魄力，能够果断地朝着正确的方向引领公司前行。

尤其在面临外部环境变化等情况时，他们还需具备鼓舞团队士气的能力，让团队在困境中依然保持信心，拥有继续向前冲的动力，给予团队希望和激励。

在探讨不同层级管理人员的情况时，我们可借助一张展示基层、中层、高层人员能力要求的表格来深入分析。通过这张表格，我们能清晰了解到各层级管理人员有着不同的能力要求，进而明确他们各自面临的核心挑战、主要工作内容以及最终需达到的要求，如表 8-1 所示。

表 8-1 基层、中层和高层管理者的能力要求

管理层级	基层管理者	中层管理者	高层管理者
能力要求	**一、业务执行** 精通一线业务，精准执行任务，能拆解复杂任务，高效解决常见问题。 **二、自我管理** 自律性强，善于管理时间与精力，对工作负责，保持积极态度。 **三、团队沟通** 善于与团队成员沟通，清晰传达任务，协调关系，促进协作。 **四、人员激励** 了解成员需求，善用多种激励方式，关注职业发展，助力能力提升。 **五、结果导向** 以业绩目标为导向，推动工作达到预期，能应对突发情况，确保结果	**一、战略传达** 深刻理解公司战略，能细化、转化为业务条线具体方案，确保两者相契合。 **二、团队打造** 依业务需求搭建团队，选拔培养人才，激励凝聚团队，注重梯队建设。 **三、沟通协调** 具有出色的沟通协调能力，与各层级部门有效交流，整合资源，保障业务流程顺畅。 **四、业绩管理** 善于分解战略目标为具体任务，明确要求并监督执行，及时纠偏。 **五、问题解决能力** 敏锐洞察业务问题、风险与机遇，分析本质，辅助高层决策或自主决策	**一、战略引领** 深入研究行业，制定前瞻性战略规划，明确公司发展方向，引领前行。 **二、领导塑造** 展现卓越领导才能，以身作则，设计组织架构，激发员工热情与忠诚度。 **三、资源整合** 具有强大的资源整合能力，统筹内外部资源，合理配置，实现资源最大化利用。 **四、变革创新** 敏锐洞察市场变化，主动推动变革，营造创新氛围，鼓励员工创新。 **五、人才管理** 重视人才战略，精准选拔、任用、培养人才，完善激励机制，支撑公司发展

金牌销售如何练成——销售人员画像

销售人员是企业里离“钱”最近的关键岗位，他们的绩效决定着企业的整体业绩，也是最让老板们头疼的岗位。什么样的人能成为金牌销售？是不是有些人天生就能抗压，就适合做销售呢？这一节我们将介绍金牌销售是如何练成的。

销售人员的主要挑战

赵宇从大学毕业就踏入了笔记本电脑销售领域。在过去几年里，他所销售的产品市场口碑极佳，质量远超同类产品，客户品牌认可度极高。赵宇的销售工作进行得较为顺利，无须花费太多力气就能达成不错的业绩。

然而，好景不长，随着时间的推移，竞争变得异常激烈，同类产品快速涌入市场。客户的需求也愈发多样化，有些客户只关注性价比，对价格极其敏感；有些客户极看重品牌的知名度和美誉度；还有部分客户对产品功能有着特殊需求，比如要求超强的图形处理能力用于专业设计，或者要求长续航能力以满足移动办公需求。赵宇发现，尽管他努力向客户介绍笔记本电脑的各种优势，但是总有同类更有优势的产品出现。

随后，赵宇所在的公司也快速调整，尝试新的业务方向，要求全力开拓B端（Business，企业端）大客户市场。这个变化对赵宇来说，仿佛一下子跨入了另一个全新的世界。他突然意识到，过往在C端（Consumer，消费者端）的销售经验完全无法适用于B端。企业客户对产品的要求更为严格，他们不仅关注产品的功能是否强大，能否满足企业的特定需求，还高度重视售后服务的质量以及数据安全问题。

赵宇在面对这些挑战时，心中充满了疑惑：为什么B端客户的要求如此之多？为什么自己以往的销售技巧在这里似乎都失去了作用？为什么开拓B端市场这么艰难？为什么客户的决策流程那么复杂？每一个“为什么”都如同一团迷雾，让他深感迷茫与困惑。

赵宇所面临的这些销售挑战，不禁让人思考：什么样的人才才能做好销售？成为一个能克服各种挑战的金牌销售需要几步？需要具备什么样的能力？

金牌销售的画像

在激烈的商业竞争中，总有这样一群销售，他们似乎拥有点石成金的魔力，能让最棘手的产品脱销，能让最挑剔的客户心甘情愿地掏腰包。他们就是金牌销售，那一张张大单背后，究竟隐藏着怎样不为人知的销售秘籍？其实，成功并非偶然，对他们来说，每一次签单，都像是一场精心编排的演出，而这场演出由五个关键环节紧密串联而成，如图 8-1 所示。

	环节一	环节二	环节三	环节四	环节五
	客户识别与接触	**需求洞察与分析**	**提供解决方案**	**谈判与成交**	**后续服务与客户维护**
关键目标	筛选合适的客户，并激发潜在客户的兴趣	深入理解客户需求，包括客户未直接表达的期望	设计并提出具有说服力的解决方案	通过有效谈判，达成交易	提升客户满意度，建立长期的客户关系
难点	准确识别目标客户，提高接触的效率和效果	洞察隐性需求，特别是在信息不充分时	符合客户预期且可执行性强	保持利润的同时满足客户需求	在竞争激烈的市场中维持客户忠诚度

图 8-1　金牌销售成单的五个关键环节

五个关键环节依据 B 端和 C 端等不同的销售领域，挑战和能力要求各有不同。

B 端销售的目标市场为企业，涉及长期、复杂的决策过程，需要多部门协同和较长的谈判周期。产品或服务往往高度定制，需要详细的技术支持。B 端销售更注重建立持久的商业关系，强调客户忠诚度和满意度。

相反，C 端销售直接面向终端消费者，销售过程相对简单且快速，决策周期短，产品通常是标准化的，易于大规模生产和分销。B 端销售与 C 端销售的区别如表 8-2 所示。

表 8-2 B 端销售与 C 端销售的区别

销售的五大环节	B 端销售		C 端销售	
	关键挑战	能力要求	关键挑战	能力要求
客户识别与接触	难以接触到高层决策者并建立信任	• 关系经营 • 有效沟通	大规模吸引潜在消费者的注意	• 亲和力 • 客户引导
需求洞察与分析	客户需求复杂多变，难以全面捕捉	• 倾听能力 • 商业洞察力 • 分析能力	快速准确识别广大消费者的需求	• 人际洞察 • 需求识别
提供解决方案	需要为复杂问题设计定制化解决方案	• 创造性思维 • 技术知识 • 演示与说服	快速提供符合市场需求的产品	• 产品知识 • 沟通表达
谈判与成交	多方利益协调与长期合同谈判的复杂性	• 谈判技巧 • 耐心 • 持续跟进能力	动态市场和价格敏感性导致的销售压力	• 销售策略 • 说服技巧 • 应变能力
后续服务与客户维护	维持长期合作关系，提供持续服务	• 客户关系管理 • 问题解决能力	提升消费者满意度，激励其重复购买	• 客户关系管理

如何找到好苗子——校招应届生的人才画像

曾经在市场上流传着这样一句话：“得校招者得天下。”为什么要招收什么经验都没有的校招生？ 2025 年初爆火的以一己之力原创大模型的 DeepSeek 被揭露其内部的核心骨干居然都是应届生或者只有 1 ~ 2 年工作经验的人员，这是因为校招生决定了企业的未来造血功能。

如何选择应届生?

A 公司为一家规模不足 100 人的服装企业，老板林强从来不招应届生，即使 HR 建议公司可以储备一些未来的可用之才，但林强觉得他们没经验，对市场了解有限，还得找人带他们，培养起来之后，员工万一跳槽，就相当于为他人做了嫁衣。

为了抢占年轻人的市场，公司推出了面向年轻群体的轻时尚系列，但市场试水反响一般。经验丰富的设计师也不愿意再投入精力，转而忙于其他产品线。在人力资源部的建议下，林强只好勉强同意先招两个服装设计、市场营销相关专业的应届生来试一下。

没想到，反而是没有经验的应届生设计出的服装款式大受年轻消费者喜爱，他们还提出利用短视频平台进行线上推广，有效提升了品牌知名度。林强这才看到，应届生在新兴消费市场反而有着更敏锐的嗅觉，敢于创新，能为公司带来新的设计理念。

应届生就像一张白纸，虽然没有丰富的职场经验和专业能力，但是他们也没有束缚，用好他们反而能为企业带来新的动力。虽然过去中大规模企业招聘应届生的数量更多，但是现在很多小企业也认识到了应届生的好处。

应届生往往能为企业带来全新视角与创新活力，因为他们不受传统思路的束缚。比如在某科技企业中，他们凭借对新技术的敏锐感知提出创新理念，开拓新市场。同时，他们可塑性强，可依据企业需求培养，对企业的忠诚度和认可度都更高。很多企业把他们作为人才储备的重要来源，构建人才梯队，为长期发展提供持续动力，诸多成功企业的管培生计划也印证了这一点。

在选择应届生时，有几个关键策略可以确保挑选到更合适的候选人。这些策略不仅有助于评估应届生的未来潜力，还可以确保他们能够融入公司文化。以下是几个重要的策略。

（1）明确对应届生的期望和要求

招聘开始前，除了应届生所应聘的工作岗位及其要求这些基础信息外，还需明确，期待应届生给公司带来哪些其他价值。比如为一些工作提供创新的想法和思路，给团队带来“鲶鱼效应”，激活团队的氛围，或者为关键岗位搭建梯队、优化人才结构，等等，这样将会更精准地明确对应届生的期望和要求。

（2）更重视软技能的评估

缺乏工作经验是应届生优缺点的一体两面，除了专业匹配外，更重要的是软性能力素质带来的未来潜力，比如团队合作、主动性、沟通能力、适应能力和解决问题的能力等。基础能力素质更优秀的应届生，未来职业发展的“天花板”更高。

（3）考虑文化价值观

如果候选人的综合素质非常出色，但与公司文化不契合，那么他们在团队中的融合和长期表现可能会受到影响。需要通过面试和测评工具评估候选人的价值观和工作态度，确保他们看重的跟企业能提供的相匹配。

（4）提前提供实习机会

很多企业通过提供实习机会，不仅能为应届生提供实际工作经验，同时也能评估他们在实际工作环境中的表现。这是一种双向选择的过程，有助于公司和应届生双方更好地了解彼此。

优秀应届生的模型

在对应届生进行招聘时，我们除了考量其能力素质之外，还会设置一些门槛，例如学历、毕业学校、专业以及在校表现等，通过多种因素进行验证，以便大致了解这名应届生未来的发展方向以及发展上限。

虽然有些企业会区分管理培训生和普通应届生，但是优秀的应届生都有共同的特征。

第一，学习能力。

我们希望应届生具备快速学习的能力，这可以通过在校期间的学业成绩和相关测试来体现。除此之外，更重要的是他们对新知识、新技能的接受和掌握速度，这让他们能快速适应新的岗位和环境，抓住工作重点，提升工作效率。

第二，沟通能力。

在现代职场中，无论是技术岗位还是其他职能岗位，良好的沟通能力都是做好工作的关键。对于缺乏实际工作经验的应届毕业生来说，沟通能力能帮助他们更快地理解企业的运作模式和工作流程，加速项目的推进。

第三，团队协作精神。

大多数初级岗位都需要与团队成员密切合作。我们期望应届生具备团队意识，能够理解自己的角色如何支持团队目标，并积极参与协作，以提升团队整体的效率，创造更多的成果。他们应当善于与他人合作，共同解决问题。

第四，创新思维。

虽然不是所有企业都对创新能力有明确需求，但企业引入新的血液的同时需要他们利用新的思维方式优化工作流程，提出有价值的建议，甚至发现资深员工可能忽略的机会。这种创新思维对于企业的持续发展和竞争力的提升至关重要。

表 8-3 为某企业应届生的人才标准示例。

表 8-3 某企业应届生的人才标准

项目	维度	具体能力素质
基本条件	学历	具备相关领域的学士及以上学位，且该学位需由认可的高等教育机构授予

续表

项目	维度	具体能力素质
基本条件	学习成绩	学习成绩优良，表现出色，特别是与专业相关的课程成绩突出
	在校任职	担任学生会或社团领导职位，展现出领导力和组织能力
知识技能	专业知识	掌握相关领域的基础知识和理论，具备较强的专业素养
	技术技能	熟练使用相关的工具、技术和软件，具备解决实际问题的能力
能力素质	沟通能力	清晰表达观点和有效倾听，与团队和客户进行有效沟通
	团队协作	能与团队成员紧密合作，愿意分享信息和资源，支持团队目标
	适应性	迅速适应新的环境和工作任务，对变化保持开放态度，具备灵活性
潜能特征	学习能力	拥有快速学习新知识和技能的能力，乐于接受培训和自我提升
	创新思维	具备创造性思维和解决问题的能力，愿意提出新想法和改进建议
	文化适配	认同并能融入企业文化，遵循企业的价值观和行为准则
	个人素质	积极向上、自信、成就动机高等
	驱动力	对工作充满热情，主动担责，具备较强的自我管理能力

谁有更大的上升空间——高潜力人才画像

高潜力人才决定了企业的人才梯队是否健康，接下来我们将详细讨论如何准确识别这类人才，并解析市场上对高潜力定义的常见误区，为人才策略提供更精准的指导。

识别潜力：定义高潜力人才的三个误区

高潜力人才并不等同于高绩效员工，也不限于初级岗位，更不一定是未来必然成为管理者的人。在识别和定义高潜力人才时，首先需要明确什么是高潜力。以下是我们对高潜力的常见误区。

误区一：高绩效等于高潜力。

许多企业常常将高潜力和高绩效混为一谈，认为当前表现出色的员工自然具备领导潜力。然而，高绩效并不总是意味着高潜力。一个员工在当前岗位表现优异，可能仅仅是因为他擅长现有的工作，但这并不意味着他具备在更高层级或不同领域中成功的潜力。

- **原因：**高绩效员工通常在当前岗位上拥有匹配的技能和知

识，但可能仅限于当前的岗位，可能欠缺往更高更广的方向发展的视野、领导能力或适应新环境的灵活性。

• **例子：** 一名优秀的销售代表能够超额完成销售目标，但这并不意味着他具备管理整个销售团队或部门的潜力。管理学的彼得原理说明了在一个等级制度中，每个人都趋向于上升到其无法胜任的职位，这也反映了本质上当前的胜任状态不代表未来的胜任能力。

误区二：高潜力仅指管理潜力。

虽然绝大多数高潜力人才是作为管理后备来培养的，因此会认为高潜力人才就是那些未来肯定能成为管理者的人，然而，高潜力并不仅限于管理领域。

• **原因：** 高潜力是多维度的，可能体现在不同的岗位和专业领域。除了管理潜力外，还包括技术专家潜力、专业人才潜力等。一个人在某一领域展现出卓越的才能和发展潜力，并不一定非要走管理路线。

• **例子：** 一名技术工程师在专业领域表现出色，具备成为行业专家的潜力。如果强行让他走管理路线，可能反而限制了他的才能发挥。识别高潜力人才时，需要根据不同岗位的需求，评估他们在相应领域的潜力。

误区三：高潜力等于全能。

另一个常见的误区是认为高潜力人才必须在所有方面都表现优异，具备全面的技能和知识。然而，实际情况是，高潜力人才可能在某些关键领域表现突出，在其他方面则可能需要进一步发展。

- **原因：**真正的高潜力人才可能在核心领域（如领导力、创新能力或专业技能）上表现卓越，而在其他方面尚有提升空间。企业可以通过有针对性的培训和发展计划，帮助这些人才全面成长。
- **例子：**一位具备出色创新能力的员工可能在沟通技巧上有所不足，但通过培训和实践，可以弥补这一短板，成为全面发展的高潜力人才。

某企业的高潜力人才标准

在一些企业中，对应届生的要求往往会与对高潜力人才的要求有部分重合。然而，我们需要明确，应届生和高潜力人才并不完全相同。应届生是刚踏入职场的新人，具备良好的教育背景和学习潜力，但可能缺乏实际工作经验；而高潜力人才则是那些在未来具备巨大成长空间、能够为企业带来长期价值的人才，其中可能包含部分优秀应届生。企业对后者的能力素质有着更高的要求，这些能力也是他们与同期同事之间的核心差异点。

以下是某知名企业评估高潜力人才时采用的维度标准。

（1）快速学习能力

快速学习能力是善于从经验中学习，举一反三，快速理解新信息的能力。他们有好奇心，会主动去思考每一个问题背后的原因，找到看似不相干的事物背后的规律，消化之后应用到未来的工作中。

（2）自驱力

自驱力强的人，即使没有外部激励，也会对自己有要求。他们对自己要求很高，会积极寻找解决问题的方法，而不是被动等待指示。

（3）适应能力

在面对不确定性和变化时，高潜力人才能够表现出出色的适应能力。无论是换公司、换岗位，还是换领导，等等，他们都能迅速调整自己以适应新的环境、角色或任务，拥抱变化，而不是拒绝变化。

（4）结果导向

执行力是指在工作中展现出的主动性、自发性和落地跟进能力。高潜力人才不仅能够制定计划，更能够主动推进工作，确保任务得到落实。在执行过程中，他们能够自我管理，及时跟进，克服困难，最终实现目标。

（5）情商

高潜力人才需要具备良好的情绪管理能力，能够理解和调节自己的情绪，并有效地与他人互动。情商有时也被称为抗压能力或人际敏感度。情商高意味着他们能够管理好自己的情绪，察觉情绪变化，并在与他人交往中处理好人际关系。

对于高潜力人才，各大咨询公司也有自己的研究，比如DDI（智睿咨询）认为高潜力应该要看本人意愿、接受反馈与学习力、追求结果的全局观、人际互动与企业文化/价值观的符合程度，美世咨询提出了洞察力、内驱力、敏捷力和影响力四个方面，也可供我们在选拔高潜力人才时作为参考。

第三部分

评人才：如何练就“火眼金睛”？

当人才标尺已精准设定，真正的挑战在于如何精准识别符合标准的人选。第三部分将系统拆解四类核心评估方法：心理测评、行为事件面试、简历筛选和评价中心。超过90%的世界500强企业用这些方法评估人才，这四类评估方法将帮助您高效锁定最适配的人选，避免因评估偏差造成用人失误。

选对人，用好人

第九章
心理测评：如何挖掘冰山下的潜能？

在第一部分，我们仅从日常行为观察了“冰山下”潜能的部分蛛丝马迹。然而，由于潜能往往深藏不露，这些外显信号既零散又不系统，难以精准识别。本章将系统介绍潜能识别与测评的多种工具，并展示如何运用这些工具探测冰山下的潜能。

揭秘心理测评：为什么回答一些问题就可以测出潜能？

心理测评看似简单，实则暗含科学的逻辑与严谨的测量体系。它如何通过看似普通的提问，精准捕捉到个体深藏的潜能与特质？接下来，我们将从心理测评工具的起源与核心原理入手，揭开其应用的奥秘。

为什么会有心理测评工具？它能解决什么问题？

古话说，读万卷书不如行万里路，行万里路不如阅人无数。

发源于西方心理学的心理测评工具，就是通过专业的测评体系帮助我们快速达到阅人无数的水平。心理测评是指依据心理学理论（如人格特征、智力水平等），通过标准化测量手段对个体特定素质进行测量、分析与评估。

当我们见过 100 个人，再回忆时，脑海中往往会浮现他们的身高、体形以及明显的个性特征，例如，哪些人不爱说话，哪些人是社牛，哪些人看似很冷静，哪些人的脾气易燃易爆，这是一个简单的归类方式，虽然直观，但不一定准确。心理学家在研究某项心理特征时，可能会对成千上万的人进行分析，用心理测量学的方法把这些人的特征描述出来，进而将其转化为人人都可以自测的科学的心理测评工具。

心理测评的定义：通过标准化的方式对人的心理特征和行为模式进行评估的量化工具，结果用类别或分数展示。

有位销冠曾说：“在咖啡店里，只要听一个人说上半小时，就能大致判断他的性格、职业、爱好以及购买习惯，而且准确率能达到七成以上！”之所以有这样的判断力，归根结底是因为他在销售工作中积累了大量与不同人群打交道的经验，形成了丰富的“数据样本”。同样地，如果你深入分析过一百个员工，对他们就能有更深入的了解，比如比较过一百个员工的执行力后，这些员工在执行力方面的优劣情况便会叫人一目了然。

心理测评工具最初是从智商测量发展而来的。有一位名叫高尔顿的心理学家，他热衷于探索人类个体之间的差异，发现人们的身高、体重、智力水平等都各不相同。于是，高尔顿便运用一些工具来对人们进行评价，从此心理测量开始从多方面关注人类，不再局限于智商，性格、动机、心理健康等方面也都被纳入其中。

在心理测评中，每个人都以相同的方式回答同一道题。例如“我喜欢一个人在家里待着”这道题（图 9-1），每个人需要按照量化的方式对这种感觉进行评分，如果我是一个非常外向的人，完全不喜欢在家待着，那我就会选择“完全不符合”；如果我是一个非常内向的人，真的很喜欢独自在家，我就会选择“非常符合”；还有一种情况，如果我有时候喜欢在家，有时候不喜欢，但总体上更倾向于在家而不是外出和朋友聚会，那我可能就会选择“比较符合”。

我喜欢一个人在家里待着

完全不符合　比较不符合　中立　比较符合　非常符合

图 9-1　心理测评的题目

假如有 1 万个人都做了同一类题，那我们就可以据此将这些人分成不同的类别。比如那些能够体现“外向”特质的题目，像是否喜欢聚会、是否热衷于呼朋唤友等。从生活的各个角度出发，我们会发现外向的人在很多场合都会展现出外向的特质。

这只是一个方便理解的简单例子，实际上，心理学家在研究人格、智力以及行为指标的时候，花费大量的时间，采集数量众多的样本，才会有非常精准的量化刻度指标。当我们想知道这个人是否外向、情绪是否稳定等，甚至都无须见到他，只需要打开他的报告，看数值的大小即可判断。

心理测评工具的标准化，让所有的比较成为可能。接下来，我们要深入揭秘，为什么心理测评是有效的，以及把关心理测评质量的两个核心指标是什么。

信度和效度：把控心理测评的质量

心理测评有两个核心指标，即信度和效度。

所谓信度，指的是这一测评工具的可信程度。一个工具如何可信？用尺子打比方，今天测明天测，都是一样的刻度，这是重测信度；尺子测的是长度，尺子上每 1 厘米刻度所对应的长度是相等的，3 厘米的长度和 5 厘米的长度不会有测量标准上的差异，这是内部一致性信度，比如测一个人是否内向时，题本内容主要围绕内向维度展开，绝不会混入其他维度。

所谓效度，指的是它是否真的测量了我们想测的内容。正如尺子测长度、温度计测温度，都是一目了然的，不过心理测评工具没有那么直观，如果一个测评工具可以被看出来是测评什么内容的，比如性格类测评，我们就说它的表面效度比较高。但对于心理测评工具来说，更重要的效度是内容关联效度、结构效度和校标效度。

内容关联效度，指我们所设计的测评内容确实是针对这一心理特质的，需要专家评定。结构效度，是指我们想了解的心理特征，如性格，是不是按相关维度就可以真正测量到该特征。最后，还有一种特殊的效度，属于工具质量的重要指标，那就是校标效度。回到测评的目的，比如想通过测评选出绩效更高的人，那么我们就需要验证测评工具与绩效标准之间的关联效度。

信度和效度紧密相关，它们的关系如图 9-2 所示。信度关乎测量结果是否稳定，效度关乎能不能测到想测的东西。信度是效度的基础，如果信度低；效度肯定低；但信度高，效度不一定高。就像一把尺子，量得准不准是效度，每次量的结果不一样是信度，开发心理测评工具时两者都得顾好，这样结果才可靠。

那么，信度和效度分别达到多少才是合理的呢？当我们在市面上选择一个心理测评工具时，一般来说，除了校标效度，其他的信度和效度高于 0.7，证明其算是一个比较优良的工具，而校标效度的相关系数达到 0.3 ~ 0.4 就可能有一定的预测价值，0.5 以上则被认为有较好的预测效度。

图 9-2 信效度的关系图

常模：行还是不行，看跟谁比

接下来，我们要介绍心理测量学中一个重要的概念——常模。关于内向有这样一个有趣的说法，东北人眼中的内向是不会让话 “掉在地上”，而我们通常所理解的内向，则是真正的不理人的内向。由此可见，不同群体对同一行为的理解存在差异，这就涉及“人群” 的概念，即与什么人群做比较。

这就好比在比赛中，有专业组和业余组之分，举重比赛还有 60 公斤级、100 公斤级之类的不同级别。只有按照不同的人群类别进行分类比较，我们才能确定某种特征是高还是低，这样在看待分数的时候，比较起来才有意义。

当我们想要明确一个测量工具的好坏，以及量化分数的高低时，就会面临一个问题：即便工具是有效的，但由谁来判定分数是高还是低呢？这时，我们就需要引入“常模群体”这一概念。

那么，什么是常模群体呢？举个例子，把一名普通员工放在一群高科技技术人才（其中很多有硕博背景）当中，那他的智力水平相对而言可能就较低；要是把这名普通员工置于工人群体中，他的智力水平很可能就是较高的了。这说明了什么呢？这表明智力水平的高低是取决于和谁比较的。

常模是一个群体的平均数和标准差。这是什么意思呢？打个比方，对于一套考卷，如果我得了 75 分，在北京市海淀区某小学里，我可能只超过了 30% 的学生；要是在西部山区的某小学里，我或许能超过 70% 的学生。如图 9-3 所示。这是一个比较极端的例子，但它很好地说明了常模是用来划分比较对象的。

在心理测量中，我们常见的测量工具往往是 9 分制或 10 分制，这是如何得来的呢？最终原始得分都会与常模群体进行比较，比如中国人群通用常模、应届生常模、管理人员常模等，以便让我们从分数中进行判断，这个人在人群中究竟是处于什么水平。

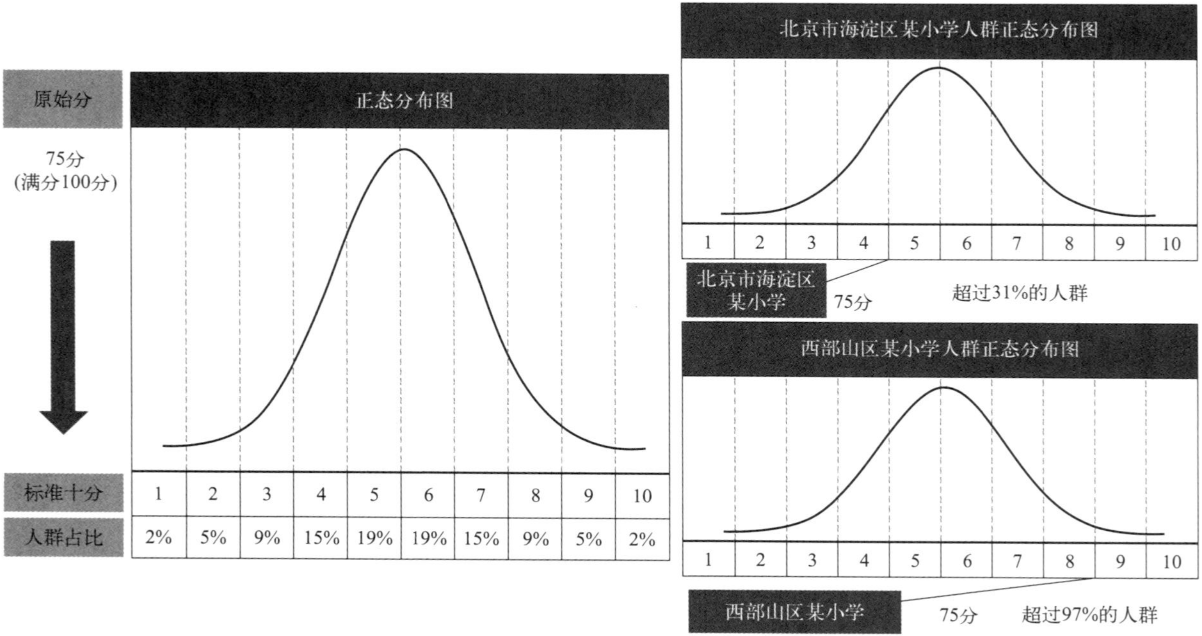

图 9-3 考了 80 分在不同小学里的原始分与标准分

如何利用心理测评工具挖掘人才？

在介绍了心理测评的基本原理之后，接下来我们将介绍心理测评最常用的三个工具：认知能力测评工具、人格测评工具和动机价值观测评工具。

认知能力测评工具

认知能力测评工具是较早发展起来的一类心理测评工具，历史上也被广泛用于人才选拔。从总体上看，这类测评通常侧重对**智力或综合认知水平**的考查，关注在规定时间内对语言、数字和逻辑信息的理解与判断能力，评估内容如图 9-4 所示。在许多**以脑力为主**的工作场景中，认知能力确实与绩效表现存在**较强关联。**

如何应用认知能力测评工具？如果是技术含量高、需要处理复杂事务的工作，在选择人才时，我们要从人群中挑选智商 80% 以上的人群个体，对应的认知能力测评标准分通常为 7 分以上；如果是普通岗位，我们一般设定的分数线就低一些，智商达到平均水平的 40% 即可，最低分数为 4 分。

认知能力常用在应届生招聘上，我们在初步筛选环节，可以重点选出更聪明、学习更好和反应速度更快的好苗子，比如筛选

数字推理

城市	前年支出/元（十亿）	去年支出/元（十亿）	今年支出/元（十亿）	人口数（今年）
甲	42	45	48	18, 700, 000
乙	40	44	47	17, 900, 000
丙	28	30	32	7, 400, 000
丁	9	10	11	700, 000

与去年相比，以下哪个城市今年公共交通支出费用增长的百分比最大?

逻辑推理

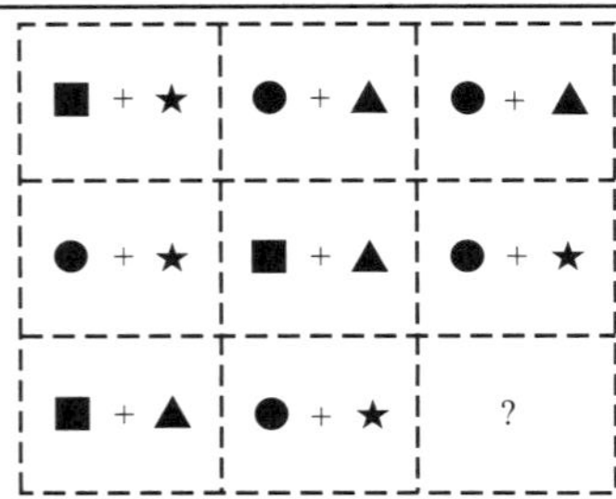

空白里面的图形应该是（ ）?

A. ■ + ★ B. ■ + ▲ C. ● + ★ D. ● + ▲

语言推理

题干

人工智能(AI)是旨在模拟、延伸与扩展人类智能的一门新兴技术科学。其关键技术之一是“机器学习”，通过利用大量数据进行训练以识别模式或预测结果。近年来，随着硬件性能的提升和大数据的爆炸式增长，深度神经网络在语音识别、图像处理和自动驾驶等领域取得显著突破。然而，目前尚无统一理论能够完整地解释人工智能的本质。

以下说法正确的是：

A. 深度神经网络无需任何数据就能实现自适应学习。

B. 人工智能的研究范围仅限于图像识别和自动驾驶。

C. 人工智能是一门研究如何模拟并扩展人类智能的科学。

图 9-4 认知能力测评工具的评估内容示例

分数可以设定为 5 分以上（标准为 10 分）。对于有经验的人，我们该如何测评其认知能力呢？这时就要把认知能力评价与工作经验相结合，模拟常见的工作情境，例如：依据数据分析市场占有率是多少？未来的市场策略是什么？从现有的数据情况看，我们能否看出未来的趋势如何，又该如何判断和计算？

我们来看一个例子，通过这个例子就可以判断有经验的人在这方面的整体判断能力，同时还可以考查其对问题的综合理解能力、对数字的分析能力以及最终的结果。

某服装公司通过六个区域销售团队的 200 名销售人员售卖产品。近几个月来，订单退货率从过去的 5% 攀升至 15%。经调查，一是部分销售人员为了提高个人销售额，过度夸大服装质量和效果，导致客户收货后不满；二是销售人员为了维护客户关系，对客户的退货要求无条件接受，没有尝试解决问题；三是区域销售经理为了保持团队表面的和谐，未对退货问题进行深入追究和管理。公司讨论后，提出以下几种解决方案，你会选择哪一种？

A. 建立严格的售前审核制度，销售人员每完成一笔订单都要提交详细的销售说明给上级审核，通过后才能发货。

B. 对于被证实存在夸大宣传行为的销售人员，进行严厉的公开批评，并扣除当月部分奖金。

C. 对成功处理客户问题、避免退货的销售人员给予高额奖励，奖金与挽回的订单金额挂钩。

D. 加强对销售团队的考核，只有当退货率控制在 5% 以内时，才全额发放销售人员和区域销售经理的绩效奖金。

答案分析：

A 选项：建立售前审核制度虽然能在一定程度上减少夸大宣传的情况，但会大大增加销售流程的复杂性和时间成本，可能导致销售效率降低，而且不能解决销售人员随意接受退货和管理松散的问题。

B 选项：对夸大宣传的销售人员进行惩罚，只是针对了部分问题，没有从整体上改变销售人员随意接受退货和区域经理管理不力的状况，因此退货率可能不会得到有效控制。

C 选项：奖励处理问题、避免退货的销售人员有一定的积极意义，但可能会导致一些销售人员为了奖金而采取不正当手段强留客户，没有从根本上解决销售不实宣传和管理缺失的问题，同时也可能引发客户新的不满。

D 选项：将退货率与销售人员和区域经理的绩效奖金挂钩，能够促使整个销售团队重视退货问题，从源头上解决销售人员夸大宣传、随意接受退货以及区域经理管理松散的问题，全面有效地控制退货率。

正确答案：D。

人格测评工具

“你有多外向”还是**“你是孔雀”**，这是主流的两类人格测评工具——特质论与类型论。“你有多外向”是特质论的测评结果，它不会给人下定义，而是给出一把尺子精确测量外向程度，而“你是孔雀”是类型论的测评结果，它给人框定出一个类型，比如孔雀、老虎等。这两种人格测评工具在理论基础、测评方式、结果呈现方面都有显著差异，如图 9-5 所示。

特质论对性格的理论假设是，每个人在性格表现上都有一个程度，特质表现是一个连续的区间，比如说到外向特质时，不会说这个人绝对内向或外向，而是标出这个特质在“尺子”上的一个位置，可能是中高程度的外向，外向程度超过 70% 的人群。因此特质论测评方式是通过让受测者选择对于某个特质自己的符合程度，最终的结果呈现也是所有人格特质的具体标准分数。

类型论对性格的理论假设是，在某个特征上是非此即彼的——一个人要么内向，要么外向。因此，类型论的测评方式会让受测者在两种比较极端的表现中选择更像自己的描述，最终呈现的报告也会把人归到一种性格类型。

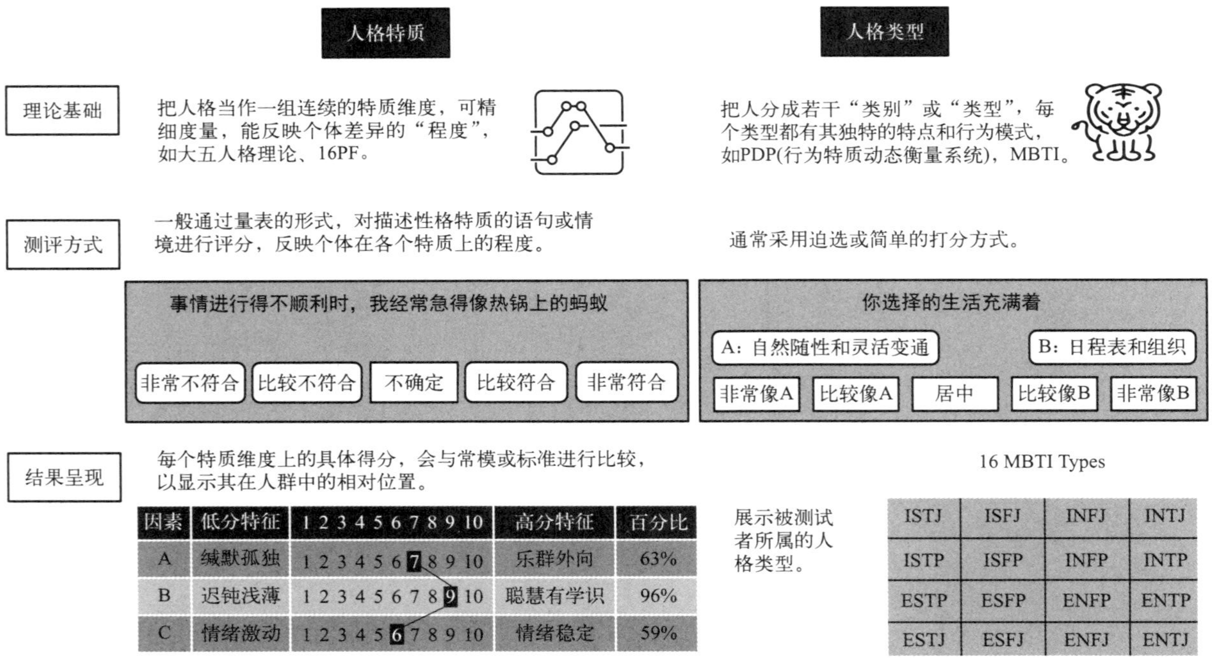

图 9-5 特质论与类型论人格测评工具的差异

这两类测评工具都能够帮助我们了解人才，但二者的应用场景有所不同。

倘若我们需要运用工具进行筛选、排序以及较为精准的数据分析，那么特质论的测评工具是不二之选。这是因为它在区分个体特质方面具有较高的精度，能够细致地展现出不同个体在各个维度上的差异，就像拥有更精细的“颗粒度”，可以满足我们对数据精确性的要求。

如果我们希望在培训等情境中让人快速理解，那么类型论的测评工具则解读起来更为简单。通过简单的分类方式，它很容易为个体“贴标签”，让人快速对自己有一个大致的认识。不过需要注意的是，这种类型划分相对比较宽泛，由于其信效度相对较低，不太适合用于对个体进行精确的评估和选拔，欧美一些国家的心理测验行业组织禁止将其应用于人才选拔。

动机价值观测评工具

人的动机和价值观是比性格和智商更底层的因素，测量难度更高，因为动机和价值观自身难以觉察，也更容易伪装，两种差别较大的测量工具分别是主题统觉测验和量表动机测量，它们的差异如图 9-6 所示。

		理论假设	测评结果样例	优劣势与适用场景
主题统觉测验	**间接测量** 根据模糊图片编故事 	**心理投射理论**，通过模糊刺激**挖掘潜意识动机**。 人们在**面对意义不明确的图片**时，会不自觉地**根据自己潜意识中的动机或冲突**来编织一个逻辑上连贯的故事。	“年轻女子名叫艾丽，正处于人生的一个重要抉择点。她渴望离开家乡去追寻自己的梦想。然而，她的母亲(身后的年长者)却对此感到担忧，担心艾丽会受到伤害。艾丽知道母亲的担忧，她们已多次讨论这个问题，在这个安静的场景中，艾丽正在思考如何说服母亲支持自己的决定，而母亲在考虑如何让艾丽明白自己的苦心。” 结论：**具有较高的成就动机**，但家庭关系等因素可能会在一定程度上影响其成就动机的实现路径和方式。	信、效度相对**较低**，受解读者的专业能力和主观性影响大。 **没有阅读能力的人也可测验**，能一定程度避免伪装。 适用于**深入探索个体动机**，适用**群体如儿童、心理障碍者**。
量表动机测量	**直接测量** 对明确问题选择或评分 动机问卷 	**基于特定动机理论模型**，**直接测量**相关因素，如成就动机理论、工作动机理论等。 广度上可涵盖多种动机类型，步骤很清晰，但深度浅。	**“我对工作中的新挑战充满热情”** 非常不符合 / 比较不符合 / 不确定 / 比较符合 / 非常符合 成就动机　标准分：7 结论：**个体基于较高的成就动机**，会设置具有挑战性的目标，期待达成更高的成就。	信度和效度**较高**，有标准化设计和统计分析。 可用于**标准化的大规模群体测试和快速筛查**，易操作。 适用于招聘、选拔场景。

图 9-6　主题统觉测验和量表动机测量工具的差异

由此可见，在公司内部的招聘选拔和发展过程中，更多会用量表动机测量工具，最常见的动机价值观测评工具来自麦克利兰成就动机理论和工作动机量表。

心理学家麦克利兰成就动机理论最主要的三个动机分别是成就动机、权力动机和亲和动机，其中，成就动机是指个体追求卓越、争取成功的内驱力，权力动机是个体希望影响和控制他人的欲望，亲和动机是个体寻求与他人建立友好关系的动机，绝大多数测量工具都会包含这三种动机。

工作动机量表（Work Motivation Scale，WMS）基于多种动机理论综合开发，目的是全面测量员工在匹配工作中的动机。它考虑了内在动机（如对工作本身的兴趣、自我实现）和外在动机（如薪酬、晋升）等多个方面，帮助管理者了解员工的工作动力来源，从而制定更有效的激励措施，提高员工的工作积极性和工作绩效。例如，如果发现员工在工作薪酬方面得分较低，而在晋升动机方面得分更高，可以考虑提供更多的晋升机会来提升员工的工作动力。

多种测评应用：如何让人才浮出水面？

接下来通过两个案例分析我们如何综合运用这些工具来更有效地选人和用人。

案例：完全没有经验的人如何选？

A 公司作为一家专注于**新能源和智能制造解决方案**的企业，正处于**高速扩张和业务升级**的关键阶段。面对激烈的市场竞争和技术革新的挑战，公司推算未来的业务发展规模，发现人才储备严重不足，目前迫切需要一批新鲜血液来搭建未来的核心梯队，避免业务发展缺乏后劲。

人力资源部启动了“发掘未来之星”计划。为了从众多应届毕业生中精准筛选出匹配公司发展的高潜力人才，人力资源部设计了三道筛选漏斗，利用心理测评工具，对候选人进行全方位的评估。如图 9-7 所示。

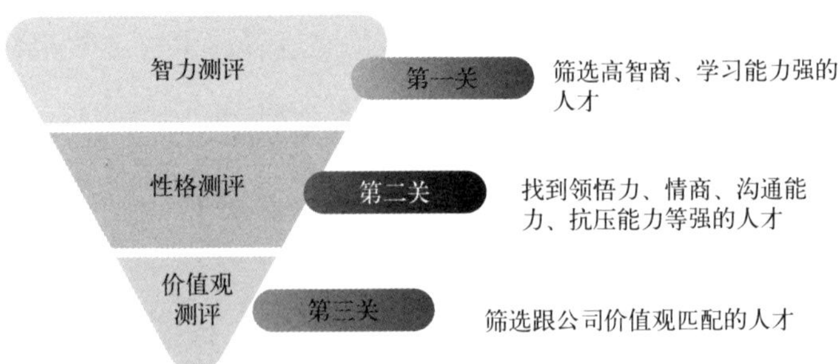

图 9-7 A 公司高潜力人才的三道筛选漏斗

第一关：智力测评——筛选高智商、学习能力强的人才。A 公司业务发展快，同时也需处理不确定的复杂信息，这就要求员工能快速学习，不仅掌握现在公司的业务，对新知识的理解和掌握也要快，因此对应届生的逻辑推理、抽象思维和数字推理能力进行综合评估，淘汰了分数在5分以下的应届生。

第二关：性格测评——评估情商与工作潜力。A公司将会对应届生进行性格测评，重点考察他们的灵活性、情商、人际敏感度、沟通及抗压方面的潜能。把性格潜能从高到低排序，辅以面试，选出综合潜能较强的候选人。

第三关：价值观测评——寻找志同道合者。最后，公司通过价值观测评工具，评估候选人与企业文化的契合度，特别关注候选人的成就动机和对公司快速发展理念的认同感。公司期待找到那些渴望成长、追求卓越、价值观与公司使命高度一致的年轻人，为公司的未来注入持续的动力。

通过这套全面而科学的测评方案，A公司成功地从众多应届毕业生中选拔出一批高潜力人才。他们在入职后迅速融入公司文化，几年后，这批优秀的应届生纷纷晋升至公司的关键岗位。

研发部的技术骨干：他们运用高智商和创新思维，主导了多项核心项目的研发，为公司技术创新做出了巨大贡献。

市场部的副经理：凭借出色的沟通能力和人际敏感度，带领团队开拓新市场。

战略规划部门的核心骨干：这些具备强烈成就动机的人才，

协助公司制订有前瞻性、有策略的业务规划等。

这些曾经的应届生，如今已成为A公司的核心骨干，这批应届生相较于过去招聘的应届生，这批应届生不仅离职率降低了50%，而且超过70%的人才业绩表现居于前列。

案例：关键岗位的人才如何选？

在蓬勃发展的新零售行业中，C公司是一家崭露头角的智能家居产品供应商。凭借创新的产品设计和卓越的用户体验，C公司在区域市场已排名第一。如今，公司正准备在全国范围内拓展业务，开启大规模的市场布局。过去公司制造经验丰富，但缺乏能掌控整个市场全局的市场部负责人，公司内部没有能胜任的人才。

公司在外部多次尝试招聘，始终未能找到合适的人才。理想的候选人需要具备丰富的市场营销经验，深刻理解智能家居行业的趋势，能够策划并执行全国范围内的营销活动，同时在性格和价值观上与公司高度契合。然而，传统的招聘方式主要依赖于简历筛选和面试，难以深入了解候选人的深层次特质。为此，公司决定重新审视招聘策略。

通过与公司高层的深入沟通，结合外部市场调研和对业务发展趋势的分析，以及对内部团队的评估，C公司人力资源部构建出了市场部负责人的**人才画像**，如表9-1所示。

表 9-1　市场部负责人的人才画像

画像维度	具体要求
经验与能力	行业经验：智能家居或相关领域 5 年以上的市场营销经验，成功策划并执行全国性营销活动。 团队管理：3 年以上团队领导经验，善于培养和激励团队。 战略规划：具备全国市场布局的战略规划能力，能够洞察市场趋势。 创新能力：能够策划新颖的营销方案，提升品牌影响力
性格特质	开放性高：具有创造力和想象力，愿意接受新事物，乐于创新。 责任心强：工作认真负责，具有强烈的责任感和自我约束能力。 外向性高：善于社交，积极主动，充满热情，擅长沟通和影响他人。 宜人性中等：既能与他人合作，又能在必要时坚持自己的立场。 情绪稳定性高：能在压力下保持冷静，情绪稳定，抗压能力强
价值观	高成就动机：渴望取得卓越的业绩，追求高标准的工作成果。 高权力动机：希望影响他人和组织，具备领导欲望。 适度亲和动机：重视良好的人际关系，但不会过分依赖他人认可。 强内在动机：对工作本身充满热情，乐于挑战，享受解决复杂问题的过程

标准制定后，筛选简历和进入面试的人才就更有针对性，很快就锁定了两位工作经历背景相似的候选人——李先生和张女士。

- **李先生：**在智能家居行业有 6 年市场营销经验，成功领导过全国性的营销项目，团队管理经验丰富。
- **张女士：**拥有智能家电领域 7 年市场经验，也曾负责全国市场推广，领导过大型团队。

为了深入了解两人的性格特质和价值观，C 公司使用了专业的心理测评工具进行评估。

两位候选人的测评结果如表 9-2 所示。

表 9-2 两位候选人的测评结果

测评维度	李先生	张女士
性格特质	**开放性（中等）**：较为务实，偏好传统方法。 **尽责性（高）**：工作认真负责，执行力强。 **外向性（中等）**：社交能力一般，较为内敛。 **宜人性（中等偏低）**：更倾向于坚持自我观点，合作性一般。 **情绪稳定性（中等）**：在压力下可能出现焦虑	**开放性（高）**：充满创造力，喜欢尝试新方法。 **尽责性（高）**：高度自律，责任感强。 **外向性（高）**：善于社交，积极主动。 **宜人性（中等）**：善于合作且有主见，能够平衡自我和团队。 **情绪稳定性（高）**：抗压能力强，情绪稳定
价值观	**成就动机（中等）**：对业绩有一定追求，但不突出。 **权力动机（高）**：强烈的领导欲望，喜欢掌控全局。 **亲和动机（低）**：较少关注人际关系，独立性强。 **工作热忱（中等）**：对工作有一定热情	**成就动机（高）**：渴望取得卓越成果，追求高标准。 **权力动机（高）**：希望影响团队和组织，有领导意愿。 **亲和动机（中等）**：重视人际关系，善于团队协作。 **工作热忱（高）**：对工作充满热情，乐于挑战

综合测评结果，张女士的测评结果与公司的人才画像高度匹配。李先生虽然在经验和能力上也很优秀，但他的性格特质和价值观与公司需求存在一定差距，特别是在创新意识和团队合作方

面，因此最终公司选择了张女士。

张女士加入公司后，迅速策划了一系列新颖的营销活动，成功吸引了全国消费者的关注，提升了品牌知名度。同时，针对过去懒散的团队，她特别善于激励和培养团队成员，建立了高效协作的市场团队，使团队凝聚力显著提高。最终在全国市场拓展策略执行后，公司第二年销售额同比增长了150%。

对于公司的关键岗位，一定要提前深入理解岗位需求，构建人才画像，特别要关注候选人的性格特质和价值观，并结合专业的测评工具，全面评估候选人。这样不仅能帮助公司选择更适合的人才，也为公司未来的人才选拔提供了科学的依据。

第十章

行为事件面试：如何聊着天就把人选好了？

面试是人才评价最常用的方法，但很多管理者的面试只能算作闲聊。接下来，我们将重点介绍看似是聊天，实则是目的明确的行为事件面试，让你在不到一个小时的时间内尽可能获取更多的有效信息。通过这些关键点，你将发现，原来聊着天也能将最适合的候选人选出来。

行为事件面试的起源

行为事件面试并非凭空诞生，其背后是心理学与管理学的长期探索。从古代观人术到现代结构化评估，这一方法如何逐步演化为一门科学？比普通面试更有效的秘诀是什么？

行为事件面试的起源与发展

想象一下，你正在面试一位看似完美的求职者，他正滔滔不绝地展示自己，眼神中透露出自信的光芒，仿佛胜券在握。从学历、履历背景到各种项目和技能，他的每段经历都无可挑剔，但你眉头微皱，因为上次也是这样一位看似完美的候选人前来参加面试，但在入职之后，美好的表象就像泡沫一样迅速破灭。

刚开始，他还能勉强维持最初的形象，但随着工作的深入，问题接踵而至。那些在面试中侃侃而谈的理论知识，在实际操作中却无法灵活运用；面对项目中的实际困难，他的自信变成了盲目自大，拒绝接受团队成员的建议，执意按照自己的想法行事，结果导致项目进度严重滞后；声称擅长沟通的他，在跨部门合作中却无法协调各方利益，引发了一系列内部矛盾。原本被寄予厚望的他，逐渐成为团队的负担。你知道这次不能再被表象所迷惑，需要去挖掘那些隐藏在光鲜履历背后的行为细节，而这正是行为事件面试存在的意义。

行为事件面试基于一个假设——**用过去预测未来：当我们知道一个人过去会怎么做，那么我们就可以预测他未来在类似情境下的反应。**比如一个人在过去遇到工作压力时的处理方式，大概率也会是他未来应对时间紧、任务重这类压力时的处理方式。

我国古代的《吕氏春秋》就提到类似的观人方法，名为“八观”，是一套通过观察人在不同境遇下的表现来识别人才、判断人品的方法。

① **通则观其所礼：** 在一个人处于顺境时，观察他对待他人的礼仪和态度，会不会骄傲自满，能否保持平常心和基本的礼仪。

② **贵则观其所进：** 当地位高贵、握有一定权力时，观察他所举荐和提拔的人。在举荐人才时往往会暴露出自己的真实意图，看他提拔亲信还是选拔有能力的人。

③ **富则观其所养：** 财富充足时，看他是否沉迷享受，还是关注对社会的价值。

④ **听则观其所行：** 看他的言论是否与行为相符，是否能说到做到。

⑤ **止则观其所好：** 一个人闲暇无事时，观察他的兴趣爱好，这在很大程度上反映了他的内心世界和品质。

⑥ **习则观其所言：** 在学习时，看他是否提出自己的思考，并输出有价值的观点。

⑦ **穷则观其所不受：** 穷困潦倒时，看他是否能拒绝不正当的财物，或者拒绝不合理的要求。

⑧ **贱则观其所不为：** 地位低下时，观察他不会去做的事情，看他是否会坚持基本的道德准则。

在西方，行为事件面试的概念最早由美国心理学家麦克利兰及其研究小组在 20 世纪 70 年代提出。他在二战期间担任美国陆军航空队（空军前身）的心理学家，负责研究和改善飞行员的选拔和培训。他发现，考察分析飞行员在**特定情境下的具体行为**，可以更准确地预测他们在未来任务中的表现，这一发现成了行为事件面试方法的理论基础。

飞行员在以下四个关键情境中的具体行为表现越好，未来执行任务时的表现越佳。

① **紧急着陆：**在飞机出现机械故障或其他紧急情况时的应对方式。具体行为包括如何判断故障情况、选择着陆地点、执行紧急程序以及与地面控制中心进行沟通协调。

② **执行战斗任务：**在执行战斗任务时的决策和行动。具体行为包括在敌机出现时的反应速度和策略、在复杂空域中的飞行技巧，以及与僚机的协同作战能力。

③ **恶劣天气飞行：**在遇到恶劣天气时的操作技能和心理素质。具体行为包括如何调整飞行高度和速度、选择合适的航线，以及应对雷雨、强风等气象条件的能力。

④ **夜间飞行：**夜间飞行时的导航和控制能力。具体行为包括在低能见度条件下的仪表飞行技巧、对导航系统的熟练使用，以及在夜间环境中的空间定位能力。

在 20 世纪 70 年代，行为事件面试得到了进一步的发展和推广。心理学家麦克利兰及其团队在研究胜任力模型时，发现行为事件面试（Behavioral Event Interview，BEI）可以作为一种有效的工具，用于识别和评估关键岗位所需的胜任力。麦克利兰的研究表明，通过探讨应聘者在过去工作中实际的具体表现，可以更准确地评估其未来在相似情境中的表现。

什么是行为事件面试?

BEI 是一种通过询问候选人过去特定行为事件来评估其能力和素质的方法。与传统面试相比，BEI 更能揭示员工真实的工作表现，并预测未来在同类挑战下员工的表现，其原理如图 10-1 所示。依据企业的应用实践发现，传统面试人才识别的准确率为 30%，而行为事件面试的准确率达 70% 以上。

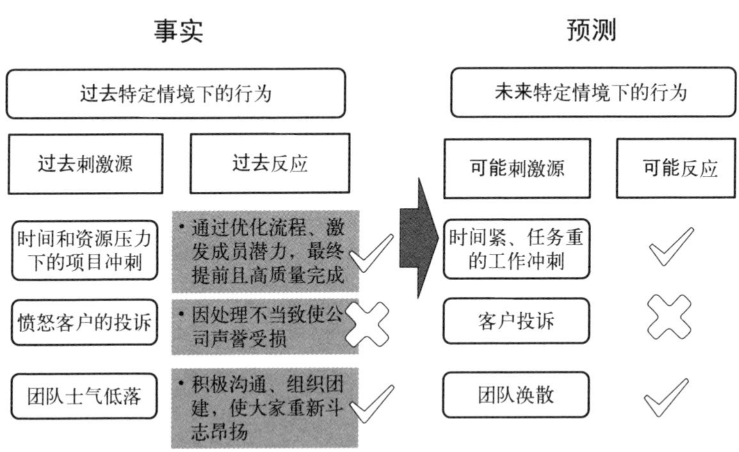

图 10-1 行为事件面试的原理

BEI 的独特优势如下。

- **真实反映候选人过去的工作行为：** BEI 通过实际行为事件评估候选人，比传统面试更具真实性。

- **减少主观偏见，提高面试公正性：** 针对过去特定情境的结构化提问，可以减少面试官的主观偏见。
- **更有效地预测未来的工作表现：** 通过分析过去的行为，准确预测候选人未来工作表现。

行为事件面试与普通面试的差异

行为事件面试的核心理念是 “过去的行为是未来表现的最佳预测因素”，它主要包含以下三个核心要点，这使得它比传统面试更能有效洞察候选人的能力。

（1）行为预示未来

BEI 聚焦于行为，特别是过去真实发生过的行为，而非候选人的想法、观点等虚构内容。例如，要关注候选人过去做过什么事、当时是如何做的，包括其言语行为、肢体行为、思考行为等，这些都是真实发生过的行为，而非他们对事情的臆想。

只有真实发生过的行为，才对预测未来行为有着更强的预示作用，因为行为模式通常是连续和一致的。传统面试中，可能候选人说自己擅长解决冲突，但无法举例；行为事件面试中，候选人描述冲突解决的过程，比如团队曾因奖金分配不均产生冲突，要说明过程中是如何处理的，让面试官能准确评估其能力。

（2）挖掘具体情境

BEI着重关注特定的具体情境，如何种情境、何时发生、何地发生、因何事发生等。比如“能够很好地协调团队之间的关系” 就过于宽泛，而具体应该是 “协调的是与哪个团队之间的关系”“当时需要协调的是什么样的关系”“协调的难度如何”等，这才符合具体的情境。

在面试官的引导下，应聘者需要详细阐述他们过去经历的具体情境。传统面试只看到候选人过去的销售业绩不错，而行为事件面试能分析候选人的业绩达成的具体情境，比如当时的市场竞争格局如何，候选人通过精准定位客户需求，用新营销方案使滞销产品销售额提升30%的具体情况，等等。

（3）评估的结构化

结构化面试意味着要对所有候选人询问类似的问题，避免对不同候选人提出完全不同性质的问题。这样可以保证在标准化、统一的框架下去了解我们所关注的行为表现，防止因询问深度不同，导致某些候选人展示的内容更丰富，某些则更简略，同时也能避免评价出现偏差。

面试官可以编制预设的问题和标准化的评估框架，更客观地收集和分析行为数据。传统面试询问可能五花八门，难以横向比较，如问甲对行业趋势的看法，问乙项目经验的细节，或者关注候选人的兴趣、爱好、观点态度等；行为事件面试统一询问候选人在项目关键节点的决策过程，以及这一过程中候选人的工作思考、策略和行为表现，让评估更加客观。

如何快速通过行为事件面试了解一个人的能力？

行为事件面试如何事半功倍？接下来将会介绍必须掌握的一个工具和一套原则，让小白也能快速领悟行为事件面试的诀窍。

行为面试必备：能力模型题本

如果把面试比作一场对人才的“寻宝之旅”，那么基于能力模型的题本就是一张“藏宝图”。行为事件面试之所以能被称为结构化的评估，源于能力模型的题本打造了一个具体的评估框架。

首先，我们要明确在面试中需评价哪些能力，这些能力的具体要求是什么；其次，如何清晰评价这些能力，也就是对能力内涵的理解；再次，要怎么提问，问什么问题才能获得足够的证据；最后，如何依据证据进行评价打分。以上这些构成了行为事件面试必备的评价手册，如图 10-2 所示。

回顾能力素质，当我们有了能力模型之后，需要针对能力模型中的能力要求设置对应的题本。比如，以“沟通协作”能力为例，它的内涵为推动团队内外部的合作，保证多方之间的沟通顺畅，提升团队的整体凝聚力与工作效率。具体行为如下。

行为面试评价手册目录

一、前言
1.1 行为面试简介
1.2 评价手册：目的与使用范围

二、能力模型基础
2.1 能力模型概述
2.2 不同岗位能力模型示例
　2.2.1 销售岗位能力模型
　2.2.2 技术研发岗位能力模型
　2.2.3 客户服务岗位能力模型

三、确定评价能力
3.1 核心能力筛选原则
3.2 通用能力列表及释义
　3.2.1 沟通能力
　3.2.2 团队协作能力
　3.2.3 问题解决能力
　3.2.4 领导能力(适用于管理岗位)
　3.2.5 学习能力
3.3 特定岗位关键能力确定

四、面试题本
4.1 题本设计原则
4.2 基于能力的问题类型
4.3 不同能力对应的问题示例
4.4 针对特定岗位的问题定制

五、评价打分系统
5.1 评分标准的制定原则
5.2 不同能力的评分细则
5.3 综合评价方法
　5.3.1 各项能力得分权重设定
　5.3.2 总分计算与等级划分

六、面试实施与记录
6.1 面试流程指导
6.2 行为面试过程中的注意事项
6.3 面试记录规范与模板

七、结果分析与应用
7.1 面试结果的分析方法
7.2 如何根据结果做出招聘决策
7.3 面试结果对人才发展的启示(针对内部晋升等情况)

八、附录
8.1 常见行为面试问题库
8.2 不同行业能力模型的参考资料
8.3 评价手册更新记录与历史版本说明

图 10-2　行为事件面试的评价手册示例

- **多方需求理解：**全面了解各方利益、资源和重点，制定符合多方利益的合理方案。
- **信息清晰传达：**能清晰、准确地传达信息，包括任务目标、行动计划等，使各方理解无误。
- **问题应对处理：**积极应对合作中出现的问题，有策略、有技巧地处理利益冲突或需求变更，保证问题的解决。
- **矛盾预防把控：**敏锐察觉团队内外的利益关系和氛围，及时避免外部合作矛盾发生。
- **沟通机制：**优化沟通流程，减少信息传递成本，必要时建立紧急沟通机制，保障成员在突发情况下能迅速响应，解决问题。

如果想了解员工在这几点上的具体行为表现如何，可以依据想了解的行为表现编制面试题本，示例如表 10-1 所示。

表 10-1　沟通协作面试题本示例

综合题本	在过往涉及内外部合作的项目中，你是如何做好沟通协调，推动项目开展的？请举例说明	
细节追问题本	多方需求理解	请分享一次在复杂项目中，你是如何通过了解各方不同利益、资源状况来制定方案的
	信息清晰传达	讲述一次你向不同背景人员传达重要信息，确保他们都能准确理解的经历
	问题应对处理	在过往项目中，谈谈你处理合作中遇到的冲突，保障项目继续推进的情况
	矛盾预防把控	说说你在跨部门合作中，通过什么方式避免可能出现的矛盾
	沟通机制建立	分享你在团队或项目中优化沟通流程或建立特殊沟通机制的经验

不同候选人的回答五花八门，我们要如何判定他们能力的高低呢？这时就需要评分标准的细则。评分细则是行为评价的依据，举个例子，在遇到问题时，所有人都会想方设法解决问题，做出相应的行为，有些行为对达成目标有积极作用，有些行为却没作用。以“沟通协作”为例，表 10-2 所示的是一个评分标准的细则。

表 10-2 沟通协作的评分细则示例

子维度	1分	2分	3分	4分	5分
多方需求理解	未能有效考虑各方需求	能识别部分利益方的利益、资源情况，但在方案制定中对重点把握不足，存在部分利益方需求被忽视的情况	较全面地了解各方主要利益、资源和重点，但制定的方案在平衡各方利益上有一些小瑕疵	对各方利益、资源和重点理解准确，制定的方案能较好地兼顾多方利益	深入、全面地洞察各方利益、资源和重点，所制定的方案完美契合多方需求，有一定的适应性和前瞻性
信息清晰传达	信息传达存在较多模糊点，常导致部分接收者误解任务目标或行动计划	试图清晰传达信息，但在内容完整性或表达方式上有明显问题，使一些人对关键信息理解困难	基本能准确传达信息，但对于复杂或抽象的任务目标、行动计划，传达效果欠佳	信息传达清晰、准确，能使大部分接收者理解任务目标和行动计划，但在面对多样化受众时，个性化的传达策略稍欠火候	无论信息内容多么复杂，都能以最清晰、准确且合适的方式传达给各方，确保不同背景的人员都能迅速无误地理解
问题应对处理	面对合作中的问题，表现出不知所措的情绪或处理方式不当，导致问题恶化或无法解决	尝试解决问题，但方法单一、缺乏策略，对利益冲突或需求变更的处理未能有效缓解局面	能采取一些常规策略处理问题，在简单的利益冲突或需求变更的情况下可以解决问题，但面对复杂问题时显得吃力	有成熟的策略和技巧应对合作问题，在多数利益冲突和需求变更的情况下能有效解决问题，但偶尔可能需要他人协助优化方案	能提前发现合作中可能出现的问题，在事情变复杂前就准备好应对方法；遇到特别棘手的情况时，总能找到既照顾多方利益又彻底解决问题的办法

续表

子维度	1分	2分	3分	4分	5分
矛盾预防把控	很少察觉到团队内外部的利益关系和氛围变化，经常在矛盾发生后才有所反应	对利益关系和氛围变化有一定感知，但无法准确判断潜在矛盾点，预防措施效果不佳	能察觉到部分明显的利益关系和氛围变化，采取了一些预防措施，但对一些隐蔽的矛盾源识别不足，仍有矛盾产生	对团队内外部的利益关系和氛围变化有较强的洞察力，能及时预防大部分潜在矛盾	具有敏锐的直觉和深刻的洞察力，总能精准地察觉内外部的利益关系和氛围变化，提前采取高效的预防措施
沟通机制建立	没有对沟通流程进行优化的意识，在紧急情况下无法建立有效的沟通机制	尝试优化沟通流程，但方法不当，没有明显效果，在紧急情况下缺乏系统的应对机制，成员响应不及时	能对沟通流程进行一定程度的优化，减少了部分信息传递成本，但整体沟通效率仍有待提高，紧急沟通机制不够完善，存在漏洞	有效优化了沟通流程，显著减少了信息传递成本，建立了基本的紧急沟通机制，在大多数突发情况下，成员能及时响应，但机制的灵活性和全面性还有提升空间	从根本上优化了沟通流程，最大程度地减少了信息传递成本，所建立的紧急沟通机制完善、灵活且高效，无论是常规情况还是突发情况下都能保障信息的顺畅流通和问题的快速解决

行为事件面试原则：STAR 原则

在进行行为事件面试时，面试官需要更有效地对行为做出判断，需要采用 STAR 原则来深层次挖掘具体的行为细节，如图 10-3 所示。

图 10-3 行为事件面试的 STAR 原则

所谓 STAR 原则，即：

Situation（情境）：描述当时的具体情境；

Task（任务）：候选人需要完成的任务；

Action（行动）：候选人采取的具体行动；

Result（结果）：行动所带来的结果。

下面是一个符合 STAR 原则的案例：一个跨部门协作团队解决冲突的故事。

情境（Situation）：

在我担任团队主管的一段时间里，我们部门接到了一个重要的客户项目。这个项目涉及我们的设计团队和开发团队的密切合作。然而，由于两者在工作方法和进度安排上存在差异，导致频繁的冲突和误解，项目进展一度停滞不前。

任务（Task）：

我的任务是解决设计团队和开发团队之间的冲突，确保项目能够按时完成。我需要找到一种方法来调和双方的分歧，使他们能够有效地合作，实现项目目标。

行动（Action）：

面对这些冲突，我感到非常焦虑，因为如果不能及时解决，不仅项目会延误，还可能影响客户的满意度。于是，我采取了以下具体行动。

首先，我分别与设计团队和开发团队的成员进行了单独会谈。倾听他们的意见和困惑是我了解问题根源的第一步。在会谈过程中，我发现设计团队觉得他们的创意经常被开发团队忽视，而开发团队认为设计团队的方案不够切合实际。每次会谈后，我都感到很为难，因为需要平衡双方的利益。

接着，我组织了一次联合会议，让两个团队坐在一起讨论问题。在会议上，我首先表明了大家共同的目标，并强调了项目的重要性。然后，我引导他们逐一表达自己的观点和建议，确保每个人的声音都能被听到。虽然会议过程中我有些紧张，但看到大家开始真正聆听对方，我心中的压力也有所减轻。

为了减少未来的冲突，我提议制定一个共同的工作流程，包括定期的进度更新和沟通机制的建立。我和团队一起制订了详细的计划，明确了每个阶段的责任和时间节点。这一步让我感到欣慰，因为大家都对这个流程表示认可并愿意遵守。

我还组织了一些团队建设活动，以增强团队成员之间的信任和合作。例如，我们进行了一次户外拓展活动，通过完成一系列合作任务，让大家在轻松的环境中增进了解。看到大家在活动中的笑容和默契，我感到非常高兴和满足。

结果（Result）：

通过这些行动，设计团队和开发团队之间的冲突明显减少，合作变得更加顺畅。项目进展显著加快，并最终按时完成。客户对我们的工作表示非常满意，给予了高度评价。最令我感到自豪的是，两个团队的成员在项目结束后依然保持了良好的合作关系，团队的整体氛围和工作效率得到了显著提升。

行为事件面试的实施

行为事件面试准备

当你是一个面试小白，如何能够又快又好地开展面试，节省筛选时间，提高面试质量呢？至少你需要准备这样的“三件套”。

第一件：**面试标准。**

行为事件面试的标准通常基于岗位要求和公司文化，了解这些标准可以更好地准备面试，展示出与岗位最为匹配的资质，结合第 6 章人才标准，可直接使用已经建立起来的标准，如果暂无标准，可以依据如下两个要点分析岗位要求。

- 关键能力识别：分析岗位描述，识别所需的关键技能和行为特质。

- 文化适应性：了解公司的核心价值观和工作环境，确保自己的价值观与其相符。

第二件：**面试题本。**

行为事件面试与传统主观面试的显著区别在于有目标地提问，除了标准之外，最容易上手的就是结构化的题本了。相比之下，提问一些常见的简单面试问题的效果往往有限，虽然能够了解应聘者的某些想法或他们在面试中希望展现的形象，但这些信息并不总是与应聘者的实际工作能力直接相关。

题本应该包含与岗位能力素质关联度大的问题，让经验不足的面试官也能参考。当面试官在面试过程中没有思路时，可以直接从题本中选择与岗位高度相关且自己特别关注的问题来提问。这样的准备不仅提高了面试的效率，也确保了面试的公平性和有效性，让面试官更准确地评估应聘者的能力和潜力。

第三件：**面试官。**

怎么面试官也是“三件套”之一呢？没错，面试官掌握面试的流程和方法，在面试中具备良好的引导和判断能力，也是面试成功的必备因素。

面试官需要了解如何提出有效问题、如何追问，以及如何评分，并在短短的 30 ~ 40 分钟的时间内，较为准确地判断应聘者的能力素质。为达到这一目标，面试官需接受面试技巧方面的培训，从而能更高效地筛选出合适的候选人。

以上三件套做好准备，面试的成功率必然高于草草上场的面试。

面试提问与追问

（1）破冰

面试前的开场白旨在缓和气氛。许多候选人面试时会感到紧张，面试官应通过轻松的互动来帮助他们放松，以便其更好地展现真实的自我。在高端职位面试中，我们可以选择在咖啡厅等轻松场所进行，以降低候选人的防备心理。

候选人越放松，越容易展现真实的能力和态度。同时，候选人通过与面试官的交流，也会间接了解企业文化，这会影响候选人加入公司的决定。

（2）提问与引导

在破冰和自我介绍环节之后，我们通常以面试题本的第一个问题作为起点。根据候选人的回答，用 STAR 原则去收集行为证据，识别关键点，判断这些关键点是否符合我们的预期。

比如："请分享一个你在团队中解决冲突的具体经历。"

在候选人分享的过程中，我们会了解候选人提供的信息是否足够详细，如果未达到预期，我们将深入追问。通常，很少有面试者能在第一轮完整地按照 STAR 原则提供所有信息，他们可能只提及事件的一部分，如发生了什么事、结果如何，或者他们做了什么，但未必提及结果。因此，我们需要进一步询问以获取完整的情境描述。

（3）面试追问

追问，行为事件面试的重要环节。对于面试小白来说，对 STAR 原则的每一个部分都有对应的题本是最佳的，比如候选人说"去年我的业绩很好，超额完成了销售任务"，这个时候，面试官就需要发扬"打破砂锅问到底"的精神，把细节了解清楚。

① **情境（Situation）：**当时面临着什么样的市场竞争情况？当时产品、市场和行业的背景是怎样的？与同行业的其他部门相比，我们的业绩如何？我们希望产品、市场和行业达到什么样的发展状态？与以往相比，我们的业绩有何变化？

② **任务（Task）：**我们设定的具体销售目标是多少？这个目标是如何制订的？

③ **行动（Action）：**你在其中承担了哪些具体职责？你具

体执行了哪些行动来达成目标？在执行过程中，你遇到了哪些具体的挑战？你是如何识别并应对这些挑战的？你采取了哪些措施来确保项目按计划进行？

④ **结果（Result）：** 你最终实现了多少销售额，与目标相比如何？你的成本控制措施效果如何，有没有节约预算？你的工作得到了哪些形式的认可或奖励？项目完成后，你对结果的满意度如何？如果有机会重新执行这个项目，你会在哪些方面做出改变？

对于所有的追问，都可以按照下面的流程图进行总结，确保了解的信息无遗漏，更好地判断候选人的能力，具体流程如图 10-4 所示。

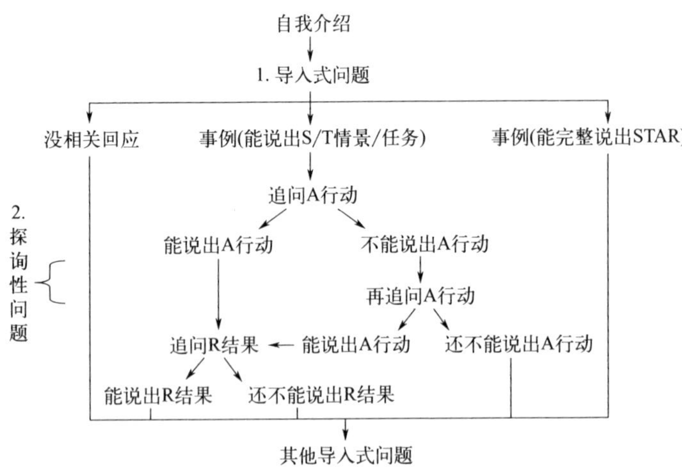

图 10-4 面试追问流程图

在面试结束之前，给候选人一个最后补充的机会，询问候选人是否有问题需要提问，回顾自己的记录，看是否还有需要补充的地方。不管记忆力有多好，都建议在面试过程中记录完整，除了候选人表现出来的能力素质外，还记录候选人在应聘中的特殊表现、表达的方式和感觉突兀或者存疑的地方，以便后续在做出录用决策的时候做相应补充。

面试评价

面试评价就像一个破案的过程，我们拿到了候选人过去处理问题的证据，根据证据评价候选人实际的能力，下面是一个简单的评价示例。

（1）候选人的原话

面试官：请您分享一个您在工作中遇到挑战并处理的例子。

候选人：当然。

在我之前的工作中，领导让我负责为另一个部门培训我们新上线的采购系统。（**情境 S**）

这个部门是需求部门，也是第一个使用该系统的部门，需要确保他们能顺利操作。当时我手上只有系统开发公司提供的部分材料，所以我整理了这些资料，制作了一个简化的培训手册。在培训过程中，我发现系统有些功能尚未开放，导致现场演示出现了一些问题。（**任务 T**）

我这个时候马上联系了开发公司，协助他们修复了这些问题。尽管遇到了一些困难，但最终我们成功地完成了培训（**行动 A**）。

之后，部门负责人建议我们制作一段系统使用的操作小视频，让其他同事也能高效地学习。我认为这是个很好的主意，于是我与开发公司合作，制作了这个视频，大大提升了后续培训的效率。（**结果 R**）

（2）面试评分标准

面试评分标准如表 10-3 所示。

表 10-3 面试评分标准

评估维度	分值范围	评分标准描述
计划组织	1 ～ 5	**1 分：** 无法有效计划或组织任务 **2 分：** 计划不足，常导致问题发生 **3 分：** 计划基本到位，但存在一些效率低下的问题 **4 分：** 有效计划并组织良好 **5 分：** 计划周密，预见性强，组织有序
主动适应	1 ～ 5	**1 分：** 缺乏主动性，抗拒变化 **2 分：** 在指导下有一定主动性，适应变化较慢 **3 分：** 主动性一般，能适应变化 **4 分：** 积极主动，适应变化良好 **5 分：** 高度主动，推动变化，适应力极强

（3）评分结果

评分结果如表 10-4 所示。

表 10-4　评分结果

评估维度	分数	评价意见
计划组织	2	候选人初期计划不足，导致培训过程中出现了未预见的系统问题，显示出在任务准备和问题预判方面需要加强
主动适应	4	候选人积极应对培训中的突发问题，迅速联系开发公司解决，并通过制作培训视频提升后续培训效率，展现了较强的主动性和适应能力

常见面试问题与解决策略

在整个面试过程中，我们常常会遇到两类问题。一类是应聘者的问题，另一类是面试官的问题。可以提前准备好应对常见问题的对策，避免面试失败。

应聘者的防御与拒绝

在行为事件面试（BEI）过程中，应聘者可能会表现出防御与拒绝的态度，尤其是当面试官深入追问他们过去的具体行为事件时。这种情况通常源于以下几种原因。

① **对隐私的担忧：**担心分享过多个人经历会暴露隐私，影响他们的职业形象。

② **缺乏相关经验：**应聘者可能没有类似的经验，因此难以回答面试问题。

③ **压力和紧张：**面试环境本身就会让应聘者感到压力和紧

张，他们可能会因为不知如何回答而采取防御性态度。

处理方法：

- **建立信任：**亲切友好的态度、积极的肢体语言，都有利于建立信任关系，营造一个轻松的面试氛围。

- **体现同理心：**表现出对应聘者情况的理解和关心。例如，可以说：“我们知道面试可能会让人感觉紧张，我们只是想更好地了解您。”

- **公开流程：**在面试开始时，清楚地向应聘者解释面试的流程、所涉及的步骤以及每一步的目的，以消除应聘者的不确定感，让他们感觉对面试流程更有准备，对自身表现更有控制感。

- **提供引导：**可以通过提供示例或引导性问题，帮助应聘者回忆和描述具体的行为事件。例如：“在你之前的工作经历中，是否遇到过类似的情况？能否详细描述一下当时的情景？你的处理方式是什么？”

有时他们给出的回答听起来有些模糊，试图回避具体的行为描述，有可能他们对所问问题缺乏真实的经历，或者试图掩盖某些不足。

处理方法：

- **深入追问：**当应聘者的回答过于模糊时，面试官应通过深入追问来获取更多细节。例如：“你提到你负责了一个项目，能否具体说明一下你的职责，你是如何处理项目中的挑战的？”

- **行为验证：**面试官可以通过提出更多相关问题来验证应聘者的回答是否真实。例如："你提到你成功解决了客户的投诉，具体来说，你采取了哪些步骤来解决这个问题？"

- **观察非语言信号：**面试官应注意观察应聘者的非语言信号，如眼神接触、面部表情和肢体语言，比如是否目光闪躲、咬嘴唇、身体不自然地摇晃等，这些信号可以帮助面试官判断回答的真实性。

- **保持中立：**面试官在追问和验证过程中应保持中立和专业，不要表现出质疑或不信任的态度，以免引起应聘者的抵触情绪。

面试官的常见偏见与误判

面试官在面试过程中可能会受到各种偏见的影响，导致对应聘者的误判。这些偏见可能源自面试官的个人经验、文化背景或性格特质，下面是常见的偏见与思维陷阱，提前了解可以避免判断失误。

常见偏见：

- **确认偏见：**倾向于寻找和确认与自己预期一致的信息，而忽略或低估其他信息。例如，如果面试官认为女性通常较为娇气，那么在面试过程中，他们可能会无意中寻找证据来支持这一预设观念，从而认为某位女性应聘者确实比较娇气。这种现象反映了面试官的固有偏见。

- **晕轮效应：**面试官会因为应聘者在某一方面的突出表现而对其整体能力产生过高的评价。例如，应聘者毕业于顶尖学校或曾在知名企业工作，面试官可能就会倾向于认为应聘者在其他方面的能力也同样出色。

- **刻板印象：**面试官可能会基于应聘者的性别、年龄、种族等因素产生刻板印象，从而影响对应聘者能力的客观评估。例如，对于某个性别、年龄段或地区的人，面试官可能持有某种普遍的看法，这种看法如果不加以纠正，很可能导致对应聘者的能力评估不公正。

避免方法：

- **结构化面试：**采用结构化面试的方法，使用统一的面试问题和评分标准，减少主观偏见的影响。

- **面试培训：**定期对面试官进行培训，让他们了解自己的主观偏见。

- **多名面试官评估：**通过多名面试官共同评估应聘者的表现，避免个人偏见的影响。

影响面试官判断的还有思维陷阱，指的是面试官可能会不自觉地陷入一些认知误区，这些误区会影响他们对应聘者的客观判断。

常见思维陷阱：

- **首因效应：**过分依赖对应聘者的第一印象，而忽略其后续表现的重要性。

- **近因效应：** 过分关注应聘者在面试结束前的表现，而忽视其整体表现。
- **对比效应：** 可能会在无意识中将应聘者与前一位或后一位应聘者进行对比，从而影响评价的客观性。

避免方法：

- **分段评分：** 在面试过程中，面试官可以分段对应聘者的表现进行记录和评分，以减少首因效应和近因效应的影响。
- **标准化记录：** 使用标准化的记录表格，详细记录应聘者的回答和行为事件，以便在面试结束后进行全面、客观的评估。
- **相对独立评估：** 每位面试官在独立评估后，再与其他面试官进行讨论和对比，以避免对比效应的影响。

在介绍面试的最后，送给大家一个通用面试问题集，当一切都没有准备好的时候，能够通过这个面试问题集快速上手，见表 10-5。

表 10-5 通用面试问题集

类别	问题	面试要点
基本情况	请简单描述一下您从前的工作经历和工作成果	快速了解候选人的核心工作经历和亮点，观察候选人对自己过往工作的理解和认知，是否有重点的判断，而非流水账式的表达

续表

类别	问题	面试要点
基本情况	是什么原因让您想要换工作呢	了解候选人的求职动机是否合理，通过回答可以考查候选人是否能客观、清楚地给出符合逻辑的原因
个人特征	您觉得自己是个什么样的人	了解候选人的个性与岗位的工作需求、团队氛围、岗位特点之间的匹配程度
	如果请您最熟悉的亲人或朋友评价您，最可能提到的三条评价是什么	了解候选人的个性与岗位的工作需求、团队氛围、岗位特点之间的匹配程度
	您觉得自己最突出的优势是什么？请举 1 ~ 3 点	了解候选人的自我认知和判断，以及所描述的优势与岗位的相关性
	您如何评价自己的劣势（或还需要提升的地方）？请举 1 ~ 3 点	了解候选人的自我认知和判断，以及所描述的劣势与岗位的相关性
工作经验	您认为自己在这个岗位上最主要的优势是什么	考察候选人是否提前对岗位有充分的调研和了解，以及对岗位的认知与个人特征的匹配程度
	请谈谈您对您所从事工作的理解，在这个岗位上您获得过哪些重要的成果	考察候选人的工作经历，判断是否与岗位要求匹配，并预测候选人可能在哪方面能够产出成果
	如果未来入职后，您认为自己可能面临的挑战和需要的帮助与资源是什么	考察候选人是否有认真考虑过岗位，并为到岗后的辅导、导入作铺垫
工作模式	能分享一下您最喜欢的团队是什么样子的吗	了解候选人的工作习惯和对团队的期望。特别针对需要频繁合作的岗位，关注候选人的团队工作习惯是否与现有团队相匹配

续表

类别	问题	面试要点
工作模式	您在工作中喜欢用什么样的方式沟通	侧面了解候选人工作沟通的有效性，通常情况下，直接面对面的沟通是最有效率的方式。相比于书面沟通，面对面交流时产生误解的概率要小得多
	在您以前的工作中，哪件事让您最有成就感	侧面了解候选人是否能从多个维度来全面回答面试问题。顺便了解候选人对于工作内容和激励机制的期望和需求

第十一章

简历筛选：你能找出多少个漏洞？

简历就像是人才的第一张识别地图，却常常被仓促浏览，而有经验的管理者能够从简历中看出很多人才隐藏的特征。本章我们将带您识别简历中的潜在信息，并借此了解候选人的真实能力与潜力。也许您会惊讶地发现，仔细挖掘简历信息，能让后续面试的效率倍增。

简历的真伪你能一眼看出来吗？抓住简历的关键

据说 HR 通常能专注在每份简历上的时间大约只有 2 分钟，甚至更短。在这短短的时间里，他们不会逐字逐句阅读，而是会迅速扫描几个关键部分。对关键部分的敏锐度，决定了能否准确筛选出合适的人选。

与人才的第一次非正式会面

首次见面，双方都想留个好印象。第一印象的好坏，往往决定了这份简历的去留。就像第一次相亲，互相多多少少会“装”得好一点，部分求职者会在简历中进行“修饰”和“夸大”，甚至精心“包装”。这毕竟是求职者第一次向你展示自己、表达期望和职业动机，它也反映了求职者在求职时的态度和志向。

（1）简历的虚与实

你知道吗？根据调查，在大量筛选简历时，HR 往往只有**几秒钟**的时间进行初步判断。在这短短几秒钟内，HR 必须迅速决定对方是不是目标人选。这类初筛的工作，如果制定好规则，可以让 AI 帮我们筛选，但 AI 判断的是简历中实的部分，无法判断虚的部分，而虚的部分更多要靠经验与对岗位的理解来判断。

① **实——硬性条件。**硬性条件是简历中的“硬条件”，决定了一位候选人是否能够进入下一个环节。比如学历、资质证书、工作经验等，这些通常是 AI 筛选系统的基础依据，而对于 HR 来说，这部分也是最快判断候选人是否符合岗位需求的标准。只要一看就能知道，候选人是否满足招聘条件。

比如你需要一个有硕士学历、5 年以上行业经验的候选人，那些学历、经验不符的简历，你可以“果断放弃”了。这个阶段，只需快速排除掉那些不符合基本条件的候选人，为后续的筛选留出更多的时间。

② **虚——软性条件。**但是为什么 AI 还暂时代替不了人类，因为硬性条件只是底线，真正让候选人脱颖而出的，是他的**软性条件**——藏在简历文字中的那些对工作的判断、对自我的认知、对工作的期待等。

在短短几秒钟的浏览中，你要问自己几个问题：

- 他为什么跳槽？
- 他对未来的职业规划是什么？
- 他在这个阶段需要的工作机会是否与岗位的方向匹配？

如果说硬性条件是简历的“门槛”，那么软性条件就是其“深度”。通过分析求职者的动机和职业目标，你能够判断他是否具备长期发展的潜力，更重要的是，你能够判断他是否与岗位的发展路径相契合。

我们看到的简历如下。

教育背景：

- **2008 年 9 月—2012 年 6 月：**武汉大学 信息工程专业 本科

工作经历：

一、2012 年 7 月—2014 年 12 月：北京新锐科技有限公司

职位：软件开发工程师

主要职责：

- 参与公司主要产品的后端开发，使用 Java 和 Python 编程
- 负责部分模块的设计和实现，协助团队完成项目交付
- 维护和更新已有系统，修复 BUG，提高系统稳定性

工作成果：

- 在项目中提出优化方案，提升了系统性能
- 获得团队“最佳新人”称号

离职原因：

- 希望尝试新的技术领域，寻求更大的发展空间

二、2015 年 1 月—2015 年 12 月：上海未来网络有限公司

职位：前端开发工程师

主要职责：

- 负责公司网站的前端开发，使用 HTML、CSS、JavaScript
- 与设计师合作，完成网页的美化和用户体验优化

工作成果：

- 完成了多个网站的前端重构，提升了页面加载速度

离职原因：

- 个人原因

三、2016 年 2 月—2017 年 3 月：自由职业者

职位：独立开发者

主要职责：

- 承接小型项目的开发，包括网站和移动应用
- 与多家小型企业合作，提供技术支持

工作成果：

- 完成了 5 个以上的独立项目，客户满意度高

四、2017 年 4 月—2020 年 6 月：杭州智联科技有限公司

职位：高级软件工程师

主要职责：

- 参与公司核心产品的开发，主要负责后端架构设计
- 带领小团队完成项目的研发和交付

工作成果：

- 推动了微服务架构的引入，提高了系统的扩展性
- 团队完成的项目获得了公司内部的嘉奖

离职原因：

- 公司业务调整，部门被裁撤

五、2020 年 7 月至今：深圳创想科技有限公司

职位：项目经理

主要职责：

- 负责新项目的规划和实施，协调团队资源

- 与客户沟通需求，确保项目按时交付

工作成果：

- 成功交付了多个大型项目，获得客户好评

目前状态：

- 希望寻求新的职业机会，推动自己的职业发展

（1）他为什么跳槽

在8年的时间里换了5份工作，其中有一段长达一年的自由职业经历。**分析：**频繁的工作变动，尤其是在2015年短短一年内的职位，以及2016年的自由职业，可能暗示着他在职业规划或稳定性方面存在问题。

离职原因推测：

第一次离职（新锐科技）：希望尝试新的技术领域，寻求更大的发展空间。该原因较为合理，从后端开发转向新的技术领域可以理解，但下一份工作是前端开发，且只做了一年。

第二次离职（未来网络）：个人原因，不明确。模糊的离职原因可能隐藏实际问题，如与团队不合、绩效不佳等。

第三次离职（自由职业）：没有明确交代，直接进入下一家公司。自由职业的经历可能是找不到合适工作的过渡，或是其他原因。

第四次离职（智联科技）：公司业务调整，部门被裁撤，较

为合理，公司原因导致的离职，可以理解。

（2）他对未来的职业规划是什么

职业路径不够明确：从后端开发到前端开发，再到自由职业，随后又回到后端并担任团队领导，最后成为项目经理。他的职业轨迹缺乏连贯性，似乎对自己的职业方向没有明确的规划。

目前期待：希望寻求新的职业机会，推动职业发展。缺乏具体的目标和方向，没有明确想要发展的领域或岗位。

（3）他在这个阶段需要的工作机会是否与岗位的方向匹配

如果我们招聘的是项目经理，虽然他有相关经验，但需要考察他在该职位上的稳定性和绩效水平。他的频繁跳槽和不明确的职业规划，显得比较随性，可能导致他在新岗位上难以长久发展。

结论和建议：

● **优点：**

① **多样的技术经验：**涉及后端、前端开发，具有广泛的技术基础。

② **团队领导经验：**曾带领小团队，具备一定的管理能力。

③ **项目管理经验：**目前担任项目经理，了解项目全流程。

● **潜在问题：**

① **稳定性不足：**频繁跳槽可能导致其无法在岗位上长期发展。

② **职业规划：**缺乏明确的职业方向，可能影响未来的成长。

③ **离职原因不透明：**对于离职原因的描述不够具体，需进一

步了解。

- **建议：**

面试时重点关注离职原因、职业规划和稳定性，比如他对新岗位的期望，从而判断他是否有意愿长期发展。也可以参考**前雇主的反馈**，了解其工作表现和离职原因，核实他参与的项目和取得的成果。

最终判断：如果他能够在面试中清晰地解释之前的职业变动，展示出对新岗位的热情和明确的职业规划，并且背景调查结果良好，那么他仍有可能成为合适的候选人。但是，需要慎重考虑他的稳定性和适应性，确保他能够在岗位上长期贡献价值。

（2）不同年龄段的心态，决定了求职者的目标与选择

- **22 岁**，刚步入职场，更多的是对工作机会的渴望，以积累经验为主，职位要求较低。
- **22 ~ 30 岁**，职业发展早期，心态不成熟，尝试发展，有跳槽的行为，期望从工作中获得成长空间和晋升机会。
- **30 ~ 35 岁**，这一阶段通常是个人在职业发展中对专业领域进行聚焦的时期，求职者更加注重职位对专业积累的作用。
- **35 岁以上**，求职者开始关注职业的长期发展和生活与工作间的平衡。

这些期望在简历的各个细节中可见一斑，尤其是在个人简介、工作经历和自我描述部分。通过这一点，我们可以洞察求职者是否处于合适的职业发展阶段，是否与公司的岗位要求相契合。

（3）总结要点：三步看简历，迅速判断对错

① **硬性条件**：一眼扫过，是否符合基本要求（学历、经验、证书）

② **动机与期望**：求职者的动机与期望是什么？他正处在哪个职业发展阶段？

③ **发展匹配**：他的职业轨迹是否符合职位要求？是否处于合理的发展阶段？

通过这三步，你可以迅速把握简历的核心，做出明智的决策，甚至在 AI 筛选之后，HR 依旧需要依赖这些关键点来评估候选人的真正潜力和合适度。

深度挖掘工作经验

比没有简历更让人纠结的是，简历上的工作经验看上去都类似，我们如何能挖掘出更合适的候选人呢？

（1）工作内容

虽然候选人都从事相同的工作，但我们需要了解他们的精力究竟分配在哪些具体任务上，比如他们在工作中主要负责的部分是什么，是规划还是具体执行。再比如，如果他们都担任过市场营销相关的职务，我们可以进一步询问他们专注于品牌推广、渠道管理还是数据分析。通过深入了解，可以判断他们对该领域的涉猎程度，是初步了解、有一定经验还是非常熟练。

（2）职位

这个职位跟工作内容匹配吗？比如一个总监，他有管团队吗？属于什么部门层级？内部如何分工？上下级是什么职位？再比如，他管理的团队规模有多大？在管理过程中，他的职责如何分工？他是整体协调者，还是需要亲自参与实际工作？他在团队中扮演什么角色？如果我们需要他具体执行任务，但他长期未参与一线业务，而主要从事管理和督导，那么他可能并不适合这份工作。

（3）工作跨度

他涉及了哪些上下游的行业、岗位，还是仅仅在单一的业务模块中深耕了较长时间？业务跨度和行业跨度也非常重要，在职业经历方面，要考虑其横向的跨度，例如：他是一直在同一行业，还是有跨行业的经历？他是否受跨行业限制？他在公司内部是否有轮岗的经历？

(4) 空档期

创业、自由职业、无业的年份，他都在做什么？对业务有没有什么影响？是由于不可抗力，还是他主观上的情绪导致的？首先要明确空档期的原因，其次要明确空档期的长短，这段时间当然是越短越好。这还需要结合他之前的工作内容来看。如果他的岗位在这段时间内没有发生太大变化，那么问题不大。例如，一个从事市场营销的人，在互联网和新媒体营销出现之后，他的经验可能不再适用。但是，如果他在空档期内自学或实践了互联网新媒体的推广工作，那么他在新岗位上可能会很快上手。

结合简历印证能力和潜力

有经验的管理者不仅面试前会看简历，面试之后还会再看一下简历，因为简历可以印证一部分在面试过程中拿不准的内容，即使我们前面使用了心理测评工具，也建议通过简历进行交叉验证，提升盘点的准确度。

简历细节印证

(1) 突兀的经历

能力多种多样，除了我们刚刚说的简历里面的一些基本能力，还要重点了解简历里面反映出的很突兀的内容。突兀的简历经历通常指的是在求职者的简历中，某些经历看起来与其他部分不太一致，或者在职业路径转换上显得有些不符合逻辑。这类经历可能暗示了以下几种情况。

① 职业转变或探索。求职者可能在某一时期尝试转变职业道路，或探索新的行业。这种转变可能出于个人兴趣或行业变化的需要。

② 技能的多样性和适应性。一个看似不相关的职位可能展示了求职者多样化的技能或高度的适应性。他们能够在多种不同的环境或行业中工作，显示出灵活性和学习新技能的能力。

③ 可能的职业中断或个人问题。某些突兀的经历可能是因为个人生活的变故，如健康问题或家庭责任，导致职业生涯出现暂时的停顿或改变。

④ 缺乏明确的职业目标。频繁的职位变动或行业跳槽也可能表明求职者缺乏明确的职业规划或目标，这可能影响他们在某一专业领域内积累深厚的专业技能。

如果一个程序员突然之间出现了一段作为餐馆经理的工作经历，这段经历可能会引起雇主的注意，因为这份工作与之前的技术工作大相径庭。这种情况可以由几个原因来解释。

① 职业探索：该求职者可能在考虑职业转变，想要探索与人互动更多的行业。

② 技能扩展：这段经历可能表明求职者具有领导力和团队管理能力，这些是在技术职位中不常被强调的。

③ 个人原因：可能由于家庭经营的业务需要，求职者暂时管理餐馆，这显示了求职者的责任感和适应性。

在面试中，探讨这样的突兀经历可以帮助雇主了解求职者的真实动机、能力和潜力。通过询问这段经历背后的故事，雇主可以获得关于求职者个性和职业态度的更多信息。

（2）不一致的经历

简历中的不一致的经历通常表现在时间线、职责描述、技能列表或教育背景上，可能暗示以下几种情况。理解这些不一致的经历对于评估求职者的诚信度、细节关注度和职业稳定性至关重要。

① 时间线的间隔或重叠。时间线上的间隔可能表明求职者在职业生涯中有一段时间未就业或从事其他活动。重叠的时间则可能表明求职者在同一时间段内承担了多重角色或者简历中存在错误。

② 职责描述得不连贯。如果职责描述与职位名称不相符，或者相同的职位名称在不同工作中职责差异很大，这可能表明求职者在描述工作经验时不够准确或故意夸大其角色。

③ 技能与职位不匹配。简历上列出的技能如果与历史职位所需技能不一致，可能表明求职者没有正确地匹配自己的技能和经历，或试图通过添加看似相关的技能来增加其竞争力。

④ 教育背景的差异。教育信息如果与求职者的专业发展不相符，例如列出了与其职业道路完全不相关的学位，可能需要进一步询问以了解这些学习经历背后的动机和影响。

求职者在 2018 年至 2020 年期间同时在一家 IT（信息技术）公司担任项目经理和一家广告公司担任创意总监。这种时间线上的重叠可能引发对其时间管理和工作承诺的疑问。面试中，探询这一点可以揭示求职者是否真实地描述了自己能够同时高效管理多个角色的能力，或者是否存在简历填写错误。这也是检验求职者诚信和细节关注度的一个切入点，有助于雇主评估其对工作的真实态度和责任感。

从简历看能力展现特点

（1）技能匹配度

根据职位要求，分析简历中列出的技能和专长。高度相关的技能可以直接反映求职者的适应性和潜在的工作表现。

假设一个职位要求求职者具备高级数据分析技能。如果简历中明确列出了使用高级统计软件和完成大规模数据项目的经验，这直接展示了求职者的专业技能与职位需求高度匹配，预示着其在类似工作环境中可能展现出的高效表现。

（2）软技能的展示

沟通、团队协作、领导力等软技能常常隐含在项目经历和团队活动中，注意这些细节可以帮助评估求职者的人际交往能力和团队合作精神。

求职者在简历中描述了自己作为项目负责人，成功领导一个跨部门团队完成了一个复杂的市场推广项目。这不仅显示了领导力，还间接体现了优秀的团队协作和沟通能力，这些在多数职位中都是极为重要的软技能。

此外，简历书写要做到准确无误，拼写错误、语法错误或格式不当可能表明求职者对细节的不重视或缺乏专业性。

（3）活动与兴趣

求职者参与的志愿活动或兴趣小组可以反映个人的价值观和人际交往能力。例如，长期的志愿者工作显示了其对相关事业的承诺和领导能力。

求职者在简历中提到了自己在本地社区中担任志愿者协调员，长期组织和管理社区活动的经历。这种经历表明求职者不仅具备组织能力和领导力，还很可能具有强烈的社会责任感和出色的人际交往能力，这些都是许多组织中评价较高的个人特质。

当然这些能力的展示还需要在面试过程中去验证，去了解是不是真实的细节，因为这有可能也是求职者为了赢得职位的一个伪装，所以这个时候我们特别需要去简历和面试中印证这个内容是不是真实存在的，然后求职者的投入度和情绪是怎样的。如果求职者在面试过程中情绪比较高昂，津津有味地讲述这些技能相关的兴趣活动，那么我们就会认为他所讲述的这些技能应该是他的强项，在这方面他的潜能是比较高的。

第十二章

评价中心：最准的人才评价工具

评价中心可以算是人才评估的“王炸”了，凭借绝佳的预测效度，在人才选拔与发展中备受青睐。传统的单一评估方法，如简历筛选、面试和使用测评工具，只能从单一维度判断，而评价中心通过多维度、情境化的考察，使候选人的真实行为得以展现，大幅提升了评估的精准度。

还原高挑战的工作情境

评价中心技术将职场挑战浓缩为一场“模拟实战”，如同剧本杀般逼真。这种高度还原的情境是如何暴露候选人的真实能力的呢？让我们从经典案例中一窥其精妙设计。

评价中心——一场真实的剧本杀

一觉醒来，你发现你变成了一名广告公司的项目助理。

公司刚刚接到重要客户的广告策划案，需要在一周内提交初稿。

你的职责是协助项目经理协调团队工作。团队成员包括文案策划小陈、设计师小美、客户经理老李和媒体投放小王。

你周围同事的角色：

① **文案策划小陈：**负责广告文案创作，最近没什么灵感。

② **设计师小美：**负责视觉设计，追求完美，有质量但效率稍低。

③ **客户经理老李：**负责与客户沟通需求，对项目需求有深入了解。

④ **媒体投放小王：**负责广告投放渠道的选择与预算控制。

线索：

- **线索 1：**小陈的文案迟迟未完成，桌上有一本关于家庭问题的书，他似乎有心事。
- **线索 2：**小美的设计稿过于烦琐，可能导致后期制作时间延长。
- **线索 3：**老李从客户那里获取到新的需求变更信息，但尚未通知团队。
- **线索 4：**小王发现预算不足以覆盖所有理想的投放渠道，需要优先选择。

任务要求：让团队成员互相合作，在有限的时间和资源下，完成高质量的项目初稿，满足客户需求。

你觉得上面的情境是一个剧本杀，还是一个真实的工作场景？两者似乎有些分不清，这种情境让人立刻代入到了工作场景中去。正如一个脱口秀演员说的那样：“玩剧本杀的朋友，你们平时都没有工作吗？”不然为什么你们休闲娱乐的方式，是从宝贵的周末休息时间里，专门抽出几个小时，就是为了跟一群陌生人开一下午的会。”这并非剧本杀，而是一个类似评价中心的工作场景。

人才测评的评价中心所用到的技术，如同在工作场景中进行的剧本杀，它们有三大相同点。

① **情境模拟：**通过精心设计的情境，让参与者身临其境。剧本杀通过故事情节和角色设定，营造需要解谜的虚拟世界；评价中心则把故事和角色变成工作场景，如工作挑战案例、关键岗位角色设定等。

② **角色扮演：**剧本杀要求玩家扮演特定的角色，按照剧本的发展进行互动。评价中心也要求参与者扮演某种角色，按照岗位角色的职责、任务做出相应的行为和反应。

③ **行为观察：**两者都重视对参与者行为的观察和评估。在剧本杀中，玩家的推理过程、交流方式和团队合作都会影响游戏的进展和结果。在评价中心，评估者通过观察参与者在模拟工作任务中的表现，对其能力素质进行评价。这种基于行为的评估方式比单纯的笔试或面试更能反映真实能力。

评价中心（Assessment Center，AC）概念的最早雏形可以追溯到 20 世纪 20 年代德国建立的一套选拔军官的评估程序，后在 1956 年，美国电话电报公司（AT&T）将其应用于管理人员的选拔。评价中心的核心技术和框架在这一时期逐步形成。

从 20 世纪 70 年代开始，评价中心这一方法开始在企业中流行起来，尤其是用于领导力发展和员工选拔。各行各业开始根据自身的具体需要定制评价中心，虽然评估技术比较复杂，但是因为它的信效度较高，如图 12-1 所示，一直在关键岗位的人才评估中广泛使用。

1 完美预测

效度	评估工具	说明
0.65	评价中心(如小组讨论、角色扮演、案例分析等)	结合多种工具的综合预测效度
0.5	工作样本测试(如飞行模拟、编程任务、情境决策测试等)	开发成本较高，仅适用于具体技能的具体岗位
0.5	结构化行为事件面试	基于特定能力要求的行为面试
0.38	综合性格测试	结合岗位要求的组合使用的性格特质，效度可以达到0.3～0.4之间
0.14—0.37	传记数据(个人基本信息如学历、籍贯、教育背景、工作经验等)	受数据质量影响较大，候选人虚报信息
0.2	单一性格测试	用单一特征预测行为表现，效度不高
0.2	职业兴趣测试	绩效预测为0.2，但与职业匹配度和工作满意度之间的相关度可达0.3～0.4
0.1—0.2	非结构化面试	易受“首因效应”和“相似性偏好”影响
0.1—0.2	同行/上级推荐信	易出现“宽容误差”(过度好评)
0.14	笔迹、星座等	预测效果等同于随机，笔迹非专业人员的判断效度甚至高于笔迹学家

0 随机预测

数据来源：The Theory and Practice of Systematic Personnel Selection(Mike Smith, Ivan T. Robertson)

图 12-1　人才测评技术的准确度（效度系数）

常用的评价中心技术

评价中心像一场经过科学设计的大型的“模拟秀”，如果受测者在设定好的模拟场景中能有实际表现，那么我们就可以推断，在真正的工作场合中，其也能有同样的表现，如图 12-2 所示，这会比自己打分的心理测评或口头表述的面试，呈现出更好的预测效果。

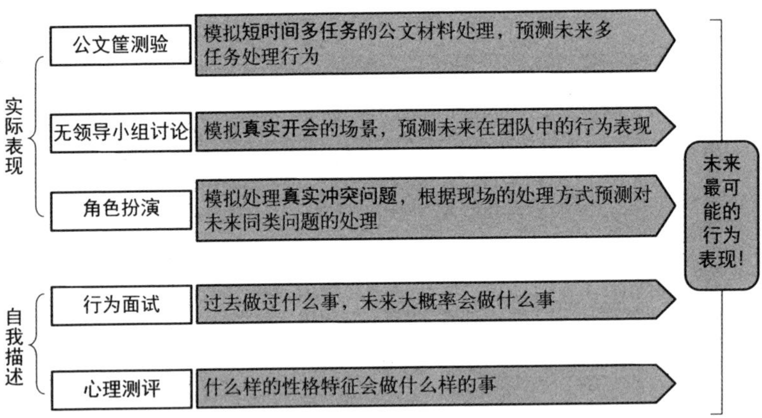

图 12-2 常用评价中心技术如何预测行为

在评价中心，可以采用多种评估技术评估能力和特质，工具越多，评估越精准，但工具越多，成本越高。从成本和效果来看，以下三种是最常用的评价中心工具。

① 公文筐测验：这是一种情境模拟测验，要求参与者处理一系列模拟的公文材料，如电子邮件、报告和备忘录等。通过这种方式，可以评估参与者的问题处理、时间管理和计划管理等管理技能。

② 无领导小组讨论（Leaderless Group Discussion，LGD）：在这种活动中，一组参与者被临时组成一个团队，围绕一个特定的问题进行讨论。没有指定的领导者，但有一个会议主题。通过观察每个人在团队中的表现来评估他们的团队合作能力、领导潜质和沟通技巧。

③ 角色扮演：这是一种模拟人际互动的技术，参与者需要在模拟的工作场景中扮演特定角色，与扮演其他角色的测评师进行互动。通过这种方式，可以评估参与者的人际沟通能力、冲突解决能力和领导力。

在日常工作中，大部分任务都是常规且平平无奇的，大约占80%，而那20%最具挑战性的任务往往决定了工作效率和成果的质量。评价中心所采用的三种工具，正是为了应对这20%的高难度挑战而设计的。

设想一下，一到公司发现堆积如山的各种文件、报告和电子邮件，而时间又非常紧张，要快速有效地处理这些问题，迅速判断哪些任务最紧急，哪些可以稍后处理（公文筐测验），还没处理完就被拉入一个会议，要与同事一起讨论并解决一个棘手的问题，讨论完了需要跟领导汇报相应的结论（无领导小组讨论），之后可能会有怒气冲冲的客户、态度不友好的同事或者不服管理的下属（角色扮演）。

一套组合拳下来，过五关斩六将，在评价中心处理完这些高难度任务，意味着未来工作中的挑战也将迎刃而解。

评价中心的应用建议

虽然评价中心是最精准的人才评价工具，但要想将其应用到最佳水平，建议关注以下三点。

（1）成本与收益

评价中心汇集了多种定制情境的人才测评工具，对行为的预测度高，往往意味着费用高，测评操作难度也大。一般来说，在重要的管理、专业岗位，以及人才任用风险较大的关键岗位的人才评估中，评价中心能发挥最大的作用。

（2）确保评价效果

评价中心的有效性在于它能够真实地还原工作场景，展现个人行为。但就像玩剧本杀一样，有些人全情投入，有些人在“放水”，每个参与评价中心的候选人的意愿和投入程度是不同的。比如，某些高管可能表现得不够积极，认为这只是模拟游戏，这种低参与度会直接影响评价的效果。参与者的投入程度越高，评价结果就越能真实反映他们在实际工作中的表现。

(3) 测评师和评价标准的统一

定制的工作场景、评估维度和人工打分，往往会出现主观影响。为了提高评价的一致性，评价中心的测评师通常需要经过专业培训，有统一评价的标准和尺度。比如角色扮演中的“演员”通常也需要提前培训，熟悉剧本，这样才能保证每位候选人面对的是同样的角色。

接下来我们将会重点介绍三种最常用的评价中心工具，分别是公文筐、无领导小组讨论和角色扮演。

公文筐测验

想象一下，长假归来，事务堆积，你将如何高效应对？这是任何岗位都可能面临的挑战，公文筐通过模拟这种信息繁杂、任务紧迫、工作积累的真实工作场景，考查个体如何筛选关键信息、分清优先级并高效执行。

公文筐——如何处理堆积如山的工作？

公文筐测评（In-basket Exercise）是一种模拟场景，评估候选人在面对堆积如山的工作任务时的处理能力、决策技能、时间管理能力和优先级设定等。通过提供一系列必须在限定时间内处理的任务和问题，来观察候选人的行为和技能，典型的公文筐情境如图 12-3 所示。

图 12-3　典型的公文筐情境

处理工作任务有很多种方式，比如面对面沟通、视频会议和实际操作，但文字仍然是表达工作想法和思路的重要工具，因此绝大多数公文筐的答题都是通过文字写下对该事件的处理思路和想法。

一般一个公文筐测评里面有 3 ～ 5 个核心工作挑战场景，通常围绕着复杂问题解决、紧急事件处理、跨部门协作、客户疑难问题解决和内部团队管理等展开。在这些核心场景里面，可以了解候选人如何在短时间内分清工作优先级、如何处理协作的矛盾、如何管理下属，下面是几个公文筐工作处理的场景样例。

- **团队管理**

> 微信——来自上级的微信
>
> 我听说上个月你的核心骨干小张被竞争对手L公司挖走，同时我也听说团队内部近来压力较大、氛围紧张，对明年完成工作任务的信心不足，甚至有两位员工也流露出离职意向。下个年度，集团在费用管控方面将更加严格，我们在市场推广资源上将受到一定限制，加之近年来市场竞争愈发激烈，而明年省区的销售目标却定得相当高。
>
> 你需要尽快采取有效措施稳定团队士气，提升团队信心。请于本周内以邮件形式向我提出初步解决思路，下周我们再面谈具体方案和执行细节。

- **客户问题处理**

> **发件人**：王珊（上海徐汇区“家乐宜”连锁超市区域经理）
>
> **收件人**：华东区客户服务与业务支持经理
>
> **时间**：202× 年 × 月 × 日 08:10
>
> **主题**：关于 FreshClean 新品周末缺货问题的严正投诉

尊敬的华东区客户服务与业务支持经理：

您好！

我是上海徐汇区“家乐宜”连锁超市的区域经理王珊。上个周末，我们在负责的多家核心门店陆续发现 FreshClean 清洁新品严重缺货的情况。

根据现场记录和门店导购人员反馈，从周六上午 10 点开始，便有众多消费者前来询问并尝试购买 FreshClean 新品。我们此前对该产品的市场表现寄予厚望，期望借此带动门店客流和销售额。然而，在实际销售过程中，多家门店出现了 FreshClean 货架空置的情况，导致前来采购的顾客多次失望离店。一些顾客当场提出质疑与不满，并有顾客表示对门店管理及贵公司供货能力产生怀疑。这种状况不仅严重损害了消费者体验，也影响了我们终端的品牌形象和销售业绩。

若这一问题在 48 小时内无法得到有效解决，我们将不得不重新评估对 FreshClean 的陈列和推广资源的投入，包括减少陈列面、降低促销力度。毕竟，面对竞争激烈的市场环境，我们必须确保为消费者提供稳定且高质量的购物体验。持续缺货将使我们在市场中处于不利地位。

请贵司尽快提供明确的补货方案和时间表，并确保后续供货稳定有序。我期望在 48 小时内得到有效的应对措施与货品补给。感谢您对此事的迅速处理与重视！

此致

敬礼！

王珊

上海徐汇区“家乐宜”连锁超市 区域经理

- **跨部门协作**

邮件——关于“系统集成与数据对接”后续推进的支持请求

您好！

上个月的“系统集成与数据对接”研讨会上，李副总明确指出，今年第二季度的重点工作之一是实现核心业务系统的互联互通，要求各产品团队及平台部门全力支持与配合。我们中心作为该项目的责任主体，自会议结束后即组织人员对相关业务数据与技术接口进行了初步梳理和优化方案设计。

目前距既定截止日期已时日无多，但项目进展遇到了一些困难和延迟，主要表现在以下几个方面。

① **数据接口标准不统一：**部分业务系统的数据结构与字段定义不一致，需要多方协调统一数据标准与字段映射的关系。

② **权限与安全策略设定复杂：**在满足数据使用便利性的同时，需要各相关部门协助明确数据访问权限，确保数据流转安全、合规。

③ **系统负载与性能瓶颈测试不足：**部分关键节点还需进一步进行压力测试和性能优化，需技术团队及运维部门快速响应和支持。

为确保本项目在截止期限前高质量完成，我们恳请得到您的支持与配合，希望各相关部门能在数据标准统一、权限

> 策略制定及性能测试优化上给予相应资源和协作，同时优先处理与本项目相关的工作请求。
>
> 以下为我们中心负责该项目推进的同事贾梅所发送的邮件内容，详细列出了需要各部门协助的具体事宜。请您在本周三（× 月 × 日）下班前回复确认出席人员名单及准备事项，以便我们做好会务安排和材料准备。非常感谢您的理解与配合！
>
> 此致
>
> 业务管理部 流程管理中心负责人

公文筐如何设计？

想象你正在设计新任部门经理的公文筐，本质上等同于设计一场逼真的“职场实战”演练游戏，游戏的设计关键是让参与者身临其境，不能与现实脱节。如何能达到让题本设计与公司实际情况紧密契合还能考查到候选人的能力素质的目的呢？设计之前需要明确以下五个设计原则。

（1）企业所处的行业特点、内外部环境

就像给游戏定下故事背景一样，公文筐也需要设定公司的背景。这是一个什么样的公司？竞争激烈吗？外部环境变化频繁吗？内部沟通风格是怎样的？候选人进入了一个 hard（困难）模式，还是 easy（简单）模式？

（2）评估的能力指标

设计游戏关卡的时候，需要同步明确需要评估的能力指标，是决策速度、沟通能力，还是解决突发状况的灵活性，等等，这样才能选择合适的情境，有针对性地安排难题。

（3）岗位特征与工作方式

游戏的主角（候选人）在现实中工作的核心目标是什么？每天是如何展开工作的？只有清楚主角的职位特性，才能设计出符合他日常工作情境的关卡，让测试更有针对性。

（4）工作角色与协同关系

在这个模拟的职场大冒险中，主角并非孤军奋战。他有上级、同事、客户及下属。你需要把这些“NPC”（非玩家角色）安排进情节中，让主角在游戏中收到来自老板的指令、面对下属的请求、处理客户的投诉。这些人际互动中的人们就像故事中的各类人物，丰富了剧情，也能考查主角应对多方关系的能力。

（5）工作可以协调的资源

在这场冒险里，主角并不是两手空空。他可以调用一些资源，比如预算、人手、物资。你需要把资源因素设计进去，让主角在做判断时考虑现实条件。可以给他一些可灵活调度的资源（例如额外的预算、人手或货源），也可以设置资源紧缺的情境，这取决于岗位的调整情况。

通过这五个要点来设计“公文筐”题目，创造出真实又富有挑战性的工作场景，让这位“预备”部门经理的工作表现在模拟中自然显现。

如何评价能力高低？

正如玩游戏有攻略，玩家想知道“打怪”的诀窍和“通关”的标准。在公文筐测评中，也有一份评分标准，但它并不是为候选人准备的“攻略”，而是测评师手中的“评分表”。无论你在应对工作挑战时采取何种行为，这些行为、想法、思路都会被按照这份标准分为三六九等：有的行为能赚得高分，有的则只能拿到低分。

那这个评分标准究竟是如何制定出来的呢？

在开发评分标准的过程中，测评师会提前通过访谈、调研等方式，了解企业内部的最佳实践。他们可能与资深经理或绩优骨干访谈，了解他们如何应对类似的工作挑战，同时也会收集历史上的成功案例，分析关键行为模式和成功要素。除此之外，他们也会参考行业标杆和外部专家意见，再次验证这些关键行为模式，比如任务安排、沟通技巧、资源配置等是否是符合企业现状的最优方式。

通过这些调研与交流，我们能够定位优秀的典范行为——如果在这些挑战情境下都能够做得很好，意味着绝大多数工作他们都能够完成得很好。接着，我们逐一提炼优秀行为。最终，这些经过反复打磨的优质行为要点就会被纳入评分标准，形成一套让测评师可以客观衡量被测人员表现的“尺子”。

以下是一个公文筐题本任务：

您要负责筹备公司小型线下产品推广活动，活动时间定在两周后。活动目标是向潜在客户展示公司产品的优势，提升产品在市场上的知名度。

您的上级对推广活动的要求：活动地点需设置十个展位，每个展位需配备相应的宣传物料和展示设备。此外，活动中将提供茶歇，包括饮料和小吃。公司四个业务部门将各派一名代表参与，向参会的潜在客户介绍各自部门的产品和服务。

您需要保证：

① 确保活动场地能覆盖展位布局，每个展位都应符合公司的品牌形象并且功能完备。

② 设计并准备足够的宣传材料，如宣传册和产品手册，并保证在活动前一周完成所有印刷工作。

③ 茶歇的组织需要满足预算要求，同时保证食品的质量和服务的水平。

④ 与四个业务部门协调，确保每个部门的代表准时到场，准备好各自的演讲材料和展示内容。

您将会遇到的可能的突发情况：

① 在筹备期间，接到通知，预算比原计划削减 15%，需要

您调整预算并更新活动计划。

② 主要宣传材料的供应商临时出现问题，可能无法按期交货，您需要迅速寻找合适的替代供应商，以避免影响活动的正常进行。

③ 在筹备的最后阶段，接到活动日期与另一大型行业活动冲突的消息，预计会严重影响客户到场率，您需要制订相应的对策，确保活动的影响力和效果。

您需要提交一份详细的活动计划报告，包括时间表、预算表、供应商合同和突发情况应对策略，并对每一项突发情况提供详细的解决方案和调整后的活动计划。

想象一下，当您遇到这个挑战时，会怎么做呢？您提供的解决方案反映出您的能力水平如何。图 12-4 展现了一个具体的解决方案与能力水平之间的关系。以“计划管理”能力为例，表 12-1 展现了什么样的表现可以拿高分，什么样的表现只能得低分。

问题背景：

你是一名新任项目助理，需要在两周内完成一场线下小型产品推广活动的筹备工作。要求活动当天有10个展位、基础宣传物料、简单茶歇，并邀请公司内部4个业务部门各派代表参与，为潜在客户介绍公司产品优势。

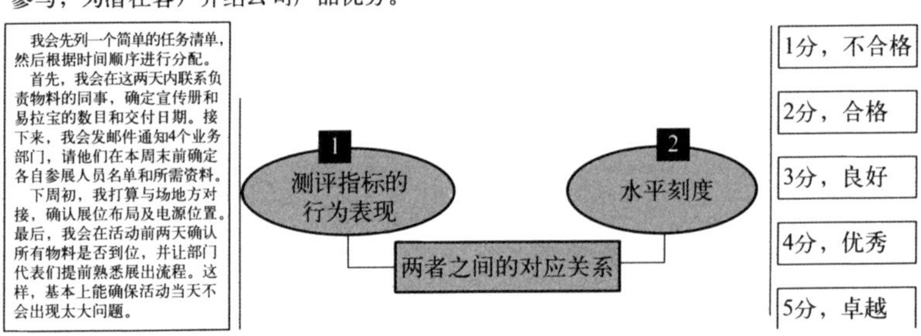

图 12-4 答题行为表现与评分结合方式

表 12-1　评分标准"计划管理"能力示例【行为表现与水平刻度之间的对应关系】

评分	行为描述特征	示例表现	评估说明
1 分（不合格）	● 制订计划时缺乏清晰目标和思路，对关键任务、截止日期和优先次序毫无头绪 ● 未能在计划开始前充分收集信息，导致后续执行可能出现频繁变动和混乱 ● 对突发问题无应对措施，容易因资源缺失或新情况而手足无措	做前期筹备时，只简单罗列出"找场地""请人""准备资料"这几项，既未明确时间节点，也未评估可能出现延迟或资源短缺的情况	此级别表现的候选人基本无法提供一份有条理的执行路线图，行动杂乱无序，且一遇上问题就无所适从，整体呈现无计划、无方向、无策略的状态
2 分（合格）	● 能够提出一个基本的、清楚的计划，包含主要任务和大致时间安排，但缺乏细化的方案和预防措施 ● 需要非常明确的外界提示才能在进度延迟、资源变动时做出相应调整 ● 对突发问题的应对策略较为单一，在资源受限时仅能做最基本的补救或求助	能列出物料采购、部门沟通、场地确认的基本顺序，并试图在截止日期前完成 但当某个部门迟迟不给名单或物料供应商交付延迟时，往往只能被动地等待上级指示或他人帮助，缺乏主动的风险预案制定和资源重新分配能力	虽然不像评分为 1 分的情况那样混乱，但计划仍显粗糙和被动 能提出初步框架，但欠缺前瞻性与灵活性，一旦出现与原计划不符的情况，就容易陷入被动
3 分（良好）	● 能分解目标任务并制定相对清晰的路线图，明确关键节点和基本完成时限	在活动筹备中，会提前列出明确的时间表，如周一完成场地预订、周三确定物料数量、周五确认参展人员名单等	该级别体现了较稳定的基础计划管理能力

续表

评分	行为描述特征	示例表现	评估说明
3分（良好）	● 在计划初期对可能的困难有一定预想，执行中适当微调，但需要较多时间思考和准备 ● 遇到资源或人员变更时，能尝试重新配置资源，具备一定的应变能力，但不够敏捷和全面	若物料有延迟，能联系备用供应商或与其他部门协调物品借用。虽然调整过程相对缓慢且需多次确认，但最终基本能确保活动按时举行	能清晰构建计划并进行中等程度的风险预测，也能做出一定的执行调整，但反应速度与精细化程度仍有待提高
4分（优秀）	● 制定的计划既有明确的目标分解与时间节点，又包含应对风险和资源限制的备用方案 ● 能在执行过程中灵活调整，遇到突发状况时可以较快地启用备用资源或改变策略，将影响降到较低程度 ● 与利益相关方沟通协调顺畅，能在进度、资源分配、变化管理上表现出高效的统筹力	在活动筹备中，事先准备两个备选供应商名单，以及因场地临时变化而可替换的方案 出现物料延迟时，能立即启用备选供应商，或与场地方交涉小范围变更布置方案 同时，在每个关键节点前都会主动与相关部门沟通确认，确保所有环节井然有序地推进	此级别展现出高水平的计划管理能力：计划清晰详尽，对突发情况预先有准备，能快速有效地在既定框架内做出灵活调整，减少风险对整体目标的冲击
5分（卓越）	● 能在复杂、资源紧缺的环境中构建多层次、全方位的计划，对任务、时间、资源、风险有深度预判和预留方案 ● 面对突发问题时反应非常敏捷，并能借此机会优化流程和资源利用	不仅制定了详细的进度表，还为各资源设定了动态调配方案 即使遇到冲突情况，也能迅速协调其他地域的资源支持来填补空缺，甚至想到为后续活动建立更灵活的模板	此级别显示出卓越的统筹与执行能力：计划周密而富有弹性，对各种可能性均有所准备，能灵活

续表

评分	行为描述特征	示例表现	评估说明
5分（卓越）	● 计划执行结果常超出预期目标，且过程中能提炼经验方法，形成可复制的最佳实践模式	完成后会对整个过程进行复盘，将经验编入标准流程，使团队整体执行水平得以提升	应对环境变化并反过来提升整体运营效能

无领导小组讨论

如果你经历过校招的话，应该对无领导小组讨论不陌生。这种工具是不是只适合在应届生中使用呢？不一定。无领导小组讨论是不预先指定领导的讨论，模拟的是最常见的开会场景，参与者可以在讨论中充分展示自己的能力。接下来，我们看看无领导小组讨论是如何评价人的。

无领导小组讨论——一群人能擦出什么火花?

如果说公文筐测评专注于考查候选人“对事”的处理能力，那么无领导小组讨论则注重考查“对人”的处理能力。无领导小组讨论是一种团队讨论活动，不预先指定领导，参与者可以在讨论中充分展示，通过沟通、表达和协作等人际互动来观察参与者的行为和能力。

我们可以看到候选人如何在群体中发表观点、如何倾听他人意见，以及如何有效地推动讨论前进。通过这种讨论方式，我们可以深入观察候选人是否具有以下能力。

① **是否有领导力**：候选人是否能自然地扮演引导角色（无论是通过组织讨论、提出新的解决思路，还是通过鼓励其他成员参与）？领导力也包括设定讨论方向、维持讨论焦点，确保团队不偏离目标。

② **沟通能力如何**：如何表达自己的观点？表达是否清晰、有逻辑？同时也可以观察他们能否听得进不同意见，如何在表达自己的同时融合他人的想法。

③ **能否与他人很好地协同**：是否能够展现出合作精神？如何与不同个性和观点的人共事？如何处理可能出现的冲突和分歧？同时可以评估他们是否在产生分歧时促成团队共识。

④ **问题解决能力如何**：在讨论中经常会出现需要快速思考和应对的情形。在面对复杂问题时的反应速度如何？如何提出创新和实际的解决方案？这些方案是否能被团队接受并实施？

⑤ **适应性和灵活性**：无领导小组讨论常常是动态变化的，不同团队组合的讨论氛围可能差异比较大。候选人如何适应讨论的发展？在新情况下能否迅速调整自己的策略和行为，以使团队的效益最大化？

这些观察点为无领导小组讨论提供了人际、团队与沟通的多维评估窗口，这种讨论形式尤其能直观展现候选人的综合能力。

这是简单的技能测试，也是个别面试往往无法深入触及的领域。

因此，无领导小组讨论多用于校园招聘和管理层选拔等场合。但这种工具有一定的局限性，不太适合评估技术或专业领域的硬技能，同时，对测评师的专业性要求也较高，需要测评师准确识别讨论中的各种微妙互动。

无领导小组讨论的题本——有价值的讨论

一场无领导小组讨论的时间通常为1个小时，一组6到8人，在短短1个小时内，所有人都能充分展示自我，这跟讨论主题的选择密切相关。讨论的主题应该激发讨论意愿，与参与者关联较大，同时还要有争议。以下是无领导小组讨论最常采用的讨论主题。

（1）开放式问题

开放式问题的回答范围很广，很宽泛。考查候选人考虑问题是否全面、有针对性，思路是否清晰，是否有新的观点和见解，例如：你认为什么样的领导是好领导？可以从多方面来回答，比如领导的人格魅力、能力、管理风格等，开放式问题不太容易引起观点间的争辩，所考查的范围比较有限。

（2）两难式问题

两难式问题，要求在两种互有利弊的答案中选择其中的一种。考查候选人的分析能力、语言表达能力以及说服力等。例如：你认为领导重视工作结果，还是重视管理团队？这类问题简单易懂，而且能够激发充分辩论。对于测评师来说，编制题目方便，评价起来也更有效。但题目的两种备选答案必须各有利弊，其中一个答案不能有很明显的选择性优势。

（3）排序选择问题

此类问题让候选人从多个选项中选择或排序，以评估他们分析和解决问题的能力。尽管难以设计，但这些问题除了能考查团队的沟通和协作能力，也可以从侧面了解候选人的分析能力和个性特征。

（4）资源争夺问题

此类问题最常用于无领导小组讨论，特别是当候选人担任相同级别的角色，如部门经理，围绕有限资源进行分配时。该问题在评估他们的表达、问题分析、概括总结能力以及发言的积极性和反应灵敏度方面都有明显的优势。比如，有限的奖金分配，需要基于充分的理由说服他人。这种设置能更好地激发辩论热情，但设计这类问题需要确保准备充足的细节材料，以保证讨论的有效性和公平性。

（5）实际操作问题

此类问题的开发往往来自业务或管理中遇到的真实、有挑战性的问题，候选人需要完成具体任务或制定实施方案。通过模拟真实场景（如设计改造方案），重点评估任务拆解、细节把控及资源协调能力。这类问题能直观检验候选人处理具体业务问题的思维和实操水平，并促使团队自发分工，但需提供丰富完整的分析框架以避免讨论过于发散和失焦。

如何观察和评价？

观察无领导小组讨论，就在会议室外面看监控录像，拿着评分表，对无领导小组讨论的每个人进行打分。无领导小组讨论更适合评价成员的思维能力、人际互动和团队能力等。在讨论完成后，通常还有一个汇报总结的环节，这个时候还可以看出汇报人的表达和展示能力。典型的评分表形式如表 12-2 所示。

表 12-2　无领导小组讨论评分表示例

分析能力	善于归纳问题共性，简化问题
	善于对团队成员的观点的共性进行归纳提炼
沟通意愿	积极主动地表达自己的观点和看法
	抓住机会参与讨论
	积极主动与他人进行观点互动
倾听反馈	他人发言时，专心聆听
	准确理解他人的发言内容
	及时给予对方语言或非语言的信息反馈
	准确引用、总结他人观点
语言表达	表达观点清晰明确，条理分明，语言简洁明了
	措辞合理，时机适当

续表

人际敏感	能够根据不同人的特点选择不同的沟通方式
	善于把握时机，并根据不同形势与对象选择不同的说服方法
影响他人	提出有影响力的观点，该观点对团队任务质量有重要贡献
	在统一思路和观点时的影响程度（频率、程度）
	对整体任务完成质量提升的贡献度，如主流思路错误时，能提出意见，进行纠正
说服力	他人观点与自己的观点不同时，不回避，不简单妥协，明确分歧焦点，灵活采取说服方式
	他人观点与自己的观点不同时，在肯定对方、找出双方共同点的基础上进一步交流
	与他人观点不统一时，考虑对方的背景、兴趣和思维特点，采取合适的影响说服方式
自然大方	整个讨论过程中言谈举止自然大方，不拘谨
	主动参与团队活动，充满自信，真实地表达自己
情绪控制	在整个讨论过程中，善于调节和控制自己的情绪，表现出冷静、沉着
	遇到与他人的冲突和矛盾时，快速调节自己，不表现出消极情绪

无领导小组讨论通常持续 30 ~ 40 分钟，一组人数通常为 5 ~ 8 人，测评师对每个人的观察时间可能仅有几分钟。整个团队的汇报结果特别依赖团队内的配合，就像一场无指挥的交响乐演出，每位乐手（参与者）需要彼此之间的合作、倾听和即兴反

应，共同创造出最终的乐章。

在没有领导的氛围中，他们的互动方式、沟通能力以及合作意愿让最终结果呈现出不同的方向和质量。这种互动的结果通过团队的化学反应，展现参与者的能力。我们可以通过四种典型的讨论结果，分析参与者的特征。

（1）达成真正共识

团队达成共识时，可以看到成员们围坐在一起，热烈地交换各自的见解。每个人都在认真倾听和理解对方，积极提出自己的建设性反馈。随着讨论的深入，大家逐渐求同存异，在理解和尊重中找到共同点，共同塑造出一个兼顾各方面的解决方案。

这样的结果往往意味着团队成员具备：**有效沟通能力**，大家能清楚表达自己的观点，同时听取他人意见；**团队协作能力**，大家能够相互协作，处理和解决可能的分歧；**冲突解决能力**，即使意见不合，也能有效解决潜在的冲突；**适应性**，能够灵活调整自己的立场和策略，以适应团队的需求和达成共同的目标。

（2）核心观点主导

即使面对有争议的话题，一位或几位成员的富有魅力的说辞仍占据主导地位。他们不仅逻辑严密，沟通时还富有热情和信念。其他成员被他们的魅力所吸引，自然而然地表示认同和欣赏，让决策过程变得更加直接和迅速。

这样的结果往往意味着某位或某几位团队成员的**领导力和影响力**非常强，而且特别自信，其他成员往往处于跟随状态，不会提出明确的异议。

（3）意见分歧

在这种讨论氛围中，往往会出现剑拔弩张的气氛。成员们各自坚持自己的立场，彼此之间的语气逐渐变得更为激烈。可以看到有些人不断强调自己的观点，而另一些人通过不断举例或反驳试图说服对方。讨论陷入僵局，声音此起彼伏，彼此无法找到交集。虽然每个人都在努力表达，但整个小组却像被分成了几个小阵营，争论似乎在原地打转，难以推进。

处于这样的讨论氛围中的团队成员往往都有较强的**批判性思维**，希望坚持自己的见解；他们的**谈判和辩论能力**也往往比较强，都在尝试说服他人；**协调能力**往往比较弱，没有办法兼顾不同立场。

（4）达成中性或平衡的结果

在这种小组里，可能每个人都小心翼翼地调整自己的立场，努力向对方靠拢，确保讨论能平和地继续。这种策略让整个讨论过程流畅而和谐，但最终的决策往往倾向于那些最不会引起分歧的安全选择。这种看似达成的一致，并不完全是成员间真正互相认可而达成的共识，而是因为时间关系，大家为完成任务而妥协的结果。

在这种小组里，往往团队成员具备**灵活应对能力**，能够在必要时做出妥协并灵活处理问题，寻找一个所有人都能接受的解决方案；**集体决策能力**，共同做出决策，平衡不同的意见和需求，以维护团队的整体利益。但他们可能过于重视安全，而不主动提出不一样的见解。

同时结合评分标准，可以快速判断团队成员在讨论时展现出的能力，基于讨论中受测者的表现，判断其能力的高低。拿不准的人，可以补充提问，增强判断的可靠性。

角色扮演

有没有一种又好玩又有效的测评方式呢？那就是角色扮演，角色扮演测评就像职场版的即兴演出，考验的不只是台词，更是临场反应、沟通技巧和问题解决能力，能够让真实能力在情境互动中一览无遗。

加入 NPC 的实战模拟

角色扮演与公文筐和无领导小组讨论一样，都是在一种设定的场景和模拟的角色中表现行为，区别在于受测者除了要扮演角色，还要与 NPC（非玩家角色）演对手戏。

角色扮演测评工具，是借助一系列与岗位密切关联的、会产生激烈人际冲突的场景，要求受测者扮演某一角色，去处理各种问题和矛盾。在这个过程中，NPC 可能会扮演成情绪激动的客户、心有不甘的下属、虎视眈眈的媒体记者等，这些角色拿到的剧本设计的“台词”通常是非常犀利的、情绪是非常消极的、逻辑是非常严密的，以考验受测者在压力情境下的应变能力、思维能力、表达能力和影响力等。

因为角色扮演非常逼真和灵活，具有真人互动的压迫感，受测者很难伪装对冲突事件的处理方式，比如如何表达、说什么话、如何互动等，都将无比真实地展现在考官面前。角色扮演的评估设置如图 12-5 所示。

图 12-5　角色扮演的评估设置

演员的自我修养

角色扮演虽然是一种非常有效的工具，但它的优点和可能存在的缺点都是演员的“演技”，除了针对场景准备演绎脚本，更重要的是角色扮演的演员要迅速进入扮演状态：表演逼真投入、按照剧本适当演绎、随着受测者的行为表现自然调整。

以下是扮演王经理的受测者拿到的题本介绍。

挽留骨干老员工场景介绍

你是纯源生物科技公司研发部新任的王经理，来自另一家大型制药企业，加入公司不足一周。公司最近刚启动一个前沿的创新新药研发项目。研发部的副经理老李，自公司成立之初便加入了公司，从最初的技术员一路晋升至研发部副经理，目前在副经理岗位已有两年，拥有丰富的药品开发经验。

老李负责过多个成功的新药研发项目，熟悉研发流程和关键技术。他之前曾两次有机会晋升为部门经理，但公司最终都选择了从外部聘请。本次新药项目原计划由他负责，然而知道你空降后，他非常不满，第三次机会落空，目前正在考虑辞职。你预期老李离职将会给公司带来较大损失，所以要想方设法挽留老李。目前你知道老李是你的老乡，在成功研发新药后，老板承诺项目经理至少有 10 万元的奖金。

王经理的任务：

在接下来的 15 分钟内，你需要努力说服老李继续负责这个新药研发项目的实施。

老李的任务：

在接下来的会议中，表达你对当前情况的不满、委屈和失落的情绪，需要展现你对公司安排的失望、过去在公司的贡献和自己角色对项目的重要性，你准备把所有的负面情绪发泄一通就离职。同时也看王经理的表现，看他是否能够说服你留下。

为了使每个受测者都面对同样的挑战，作为角色扮演的 NPC 同时也会拿到一份演员标准剧本，如表 12-3 所示。

表 12-3　老李的角色扮演剧本

阶段	你的反馈行为	依据对方行为，增加挑战难度
开场	惜字如金，不愿沟通，如果对方与你寒暄，简短回答：“一般，就这样。” **如果对方尝试与你进行寒暄，提到老乡，拉近关系。** 回答：“虽然我们是老乡，我更关心的是我们的工作，而不是从哪里来”	即使对方试图通过个人情感关系建立联系，也直接回绝
过程互动	（如果对方表达对过去工作的认可）简要回答一句“也没有看到公司对我有多重视”就停下来，不问不说，问一句答一句。	

续表

阶段	你的反馈行为	依据对方行为，增加挑战难度
过程互动	（如果对方连续表达项目奖金等物质激励）表现出不耐烦，说："听起来不错，但我见过很多次画饼的情况了。钱也很重要，但是我不明白为什么会招你进来，我怎么就不行了？" （如果对方询问你具体希望如何改善，需要什么支持等） "王经理，让我提醒你一下，是我在这里带领团队完成了多个关键项目，每个项目不仅按时交付，而且效益显著。例如，上一次我领导的团队开发新药的项目，已经成功进入临床试验阶段，预计将为公司带来超过一亿的收入。" "不仅如此，我在过去五年中成功申请了三项专利，每一项都是团队在我的指导下做出的成果。" "我觉得基于我的专业知识和实际成绩，我完全有能力担任部门经理。我不缺乏领导能力，也不是没有展示过我的能力，也不需要你怎么支持"	如果对方对答如流，准备充分，可增加激愤的动作和语气，增加情景的紧张感，观察对方如何回应这种压力
问题澄清	（如果对方尝试解释公司的安排和决策，抛出未来的发展机会） 打断他的话，提高声音。 "这些都是老调重弹。我对公司的所谓'发展机会'失去了信心。你不懂我们。王经理，我知道你是新来的，可能还没完全弄明白我们这一套，我们的研发流程跟你们之前那些大企业不一样，有些做法还得根据实际情况来做。" "你刚刚才来，对吧？可能还在试着记住每个人的名字呢。这没什么，每个人都得从某个地方开始，对吧？但这个项目，这个团队，需要的不只是个新面孔，还要由真正懂行的人来带"	表达对空降领导的抗拒和怀疑，在互动过程中如果对方的分析和引导有说服力，提出的方法和建议有效务实，态度就逐渐由提出困难、质疑和反对，转向接受、认同和合作，否则坚持原来的态度

续表

阶段	你的反馈行为	依据对方行为，增加挑战难度
结束讨论	（如果讨论时间剩余两分钟） “对不起，我两分钟后有个会，我们得快点结束这个讨论。” （如果时间到了） 无论对方是否已经结束发言，起身。 “我得去开一个重要的会议了。”伸出手准备握手，礼貌地结束对话。 （如果对方在讨论时间未到时就试图结束对话） “我还没有听到能让我接受的解决方案。”表达不满，促使对方继续互动，进一步讨论未解决的问题	自然地引入时间约束，增加了情景的紧迫感。 结束之后，说明这是一个虚拟场景，缓和争论的气氛，感谢受测者的参与，避免其过度代入负面情绪

在一场角色扮演活动结束之后，除了测评师给予评价外，同时也可以问问受测者在过程中的感受，是否过去遇到过类似的场景，以及对自己表现的好坏做一个评价，演员和测评师也应站在当事人和第三者的角度给予受测者反馈，这样可以增强受测者的自我觉察能力。

简化版的角色扮演——模拟汇报

模拟汇报，是一种简化版的角色扮演，对领导、客户这类角色的扮演要求比较低，他们只需要听汇报、提问。模拟汇报在述职、商业案例讨论、业务发展策略制订等场景中都可以使用。以下是常见的模拟汇报的工作场景，如表 12-4 所示。

表 12-4　模拟汇报常见的工作场景

汇报类型	工作场景	要求
项目进展汇报	你是一个项目经理，需要向公司的高级管理层汇报一个关键项目的当前进展、遇到的挑战和接下来的计划	提供项目的背景和目标。 详细说明项目的当前状态，包括已完成的工作和未完成的工作。 描述项目面临的主要挑战及应对策略。 提出下一步的具体计划和预期成果。 准备应对高层可能提出的问题
新产品推介	你是营销部门的一员，需要向潜在投资者介绍公司新开发的产品，说明其市场潜力和竞争优势	解释产品的创新点和功能。 分析目标市场和潜在用户群。 讨论产品与竞争对手的比较优势。 阐述市场推广策略和销售预期。 准备回答投资者可能关心的风险和回报问题
危机应对方案汇报	作为危机管理团队的负责人，你需要向公司董事会汇报应对突发事件（如重大安全事故、突发公共卫生事件等）的应急计划	描述突发事件的背景和潜在影响。 详细说明应急响应计划和团队组成。 分析计划的可行性和潜在的风险点。 讨论资源分配和后续监控措施。 准备针对董事会关切的安全和财务问题进行讨论
年度述职	作为部门经理，你需要在年终会议上对本年度的业务表现进行总结，并展望下一年度的发展策略	提供年度业务目标与实际完成情况的对比分析。 识别业绩不达标的原因和成功的关键因素。 提出改进措施和新的业务机会。 描述未来一年的主要策略和目标。 准备应对高层对策略有效性和资源配置的质疑

模拟汇报最常用的一种是年度述职，是一种需要结合岗位职责要求，总结自己年度的工作，提出未来工作开展思路的演讲。一般依据本人工作成绩、优势、过去工作的总结、未来工作目标和工作方法来制订来年的工作计划。虽然每个企业对于岗位的要求有差异，但是整体可以从以下几个方面评价，如表 12-5 所示。

表 12-5　模拟汇报的评价维度和标准

评价维度	评价内容	评价标准
沟通能力	清晰度：信息是否传达清楚无误。 简洁性：信息是否简洁，避免冗余。 逻辑性：组织信息是否具有逻辑性和结构性	• 声音响亮且具有感染力，语调抑扬顿挫 • 语言流畅、生动，能够打动听众 • 思维清晰，语言层次分明 • 语言简洁、不啰唆，重点突出
问题解决能力	创新性：解决方案是否具有创新性。 结果导向：解决方案的实际可行性。 效果预测：对解决方案可能带来的结果的预见性	• 方案较为创新，有鲜明和独到见解 • 计划可行性高，实施的路径清晰 • 对未来有较好的预见性 • 能基于事实证据，有充分的论据支持自己的观点
领导力	影响力：汇报中是否能够影响听众，引起关注。 激励能力：是否能激发团队或听众的热情和行动	• 具有较强影响力，能较好地激发他人，决策合理 • 通过富有感染力的表达引导听众情感，展现领导者的魅力
应变能力	反应速度：对突发问题的反应速度。 压力管理：在压力或挑战面前的表现	• 反应迅速，适应性强 • 处理挑战性问题时表现得镇静自如，自然放松，不紧张

第四部分

善用人：如何做到人尽其才？

选对人，用好人

第十三章

人性管理：人才管理有策略

企业员工有时被称为“人力成本”，有时又被看作“人力资本”，而最常用的是“人力资源”，员工到底是“成本”“资本”还是“资源”取决于是否能对人才进行有效的管理。企业的资产不仅仅是钱或技术，更在于“人”本身。如果说有什么比产品和服务更具突破性，那一定是能持续创造价值并带来创新的优秀人才。

人并不为岗位而生，把员工只当作工具，只能消耗他们；唯有真正“看到”并尊重人的独特价值，选到合适的人、用对他的才、培养他的成长、留住他的心，才能释放出人才源源不断的能量。对于企业而言，这不仅意味着构建健康的管理文化，还是直接影响业绩与长期发展的关键。将“人”真正放在中心，才能让团队聚合成一股强大的动力，在市场竞争中脱颖而出，实现企业与员工的双赢。

选：精准的人岗匹配

即便看似简单的岗位，人岗匹配也是“麻雀虽小，五脏俱全”。从咖啡师的案例出发，我们将发现人岗匹配绝非“表面适配”，而是与业务需求的深度匹配。

咖啡师的人岗匹配能有多复杂?

李老板在寸土寸金的CBD（中央商务区）经营着一家高品质咖啡店，即使租金高昂，也能凭着独特的咖啡风味、舒适的环境和个性化的咖啡体验服务，使销量远超周边的连锁咖啡店。顾客对咖啡店的认可度越来越高，李老板借机在另一家高档购物中心开了第二家店，需要招聘一位咖啡师，在她不在主店时，能够独立负责调制咖啡和接待客户。

咖啡师的岗位要求很简单，为了让新员工更快上手，李老板招聘了曾任职于知名品牌连锁咖啡店的小张担任咖啡师。小张经过标准化培训，能提供质量稳定的服务，未来李老板打算把他作为分店店长的储备人选培养。

然而，不久后，李老板发现小张虽然能快速制作咖啡，但在个性化服务方面表现不太理想。小张习惯于按照固定的标准流程和配方制作咖啡，但店里的顾客更期待独特和定制化的咖啡体验。此外，他在与客户互动中比较生硬，不太符合顾客对高端咖啡的仪式感、个性推荐等高端咖啡体验服务的需求。

李老板意识到高品质的咖啡店与连锁咖啡店在岗位要求上的差异很大，这个要求不仅仅是制作咖啡，更重要的是创造独特的咖啡体验，包括对咖啡豆的深入了解、手工冲泡技术的掌握，以及与顾客的深入交流。李女士重新梳理了岗位要求，特别强调了咖啡师要具备创新的咖啡制作技巧、对咖啡文化的深入理解以及客户服务能力。

表 13-1 总结了不同咖啡店对咖啡师的要求。

表 13-1　不同咖啡店对咖啡师的要求

维度	精品咖啡店要求	连锁咖啡店要求
工作内容	定制咖啡，与客户深入交流，提供咨询和个性化推荐；注重对咖啡文化和制作技术的深入理解，满足顾客对咖啡品质和独特化的期待	快速制作大量标准咖啡，管理高流量顾客订单；重视对服务流程的掌握，快速制作咖啡
工作环境	与顾客建立个人联系，需要多任务处理能力；强调个性化和手工制作的咖啡，与顾客的互动也更为密切	标准化的工作流程，有明确分工；需要处理更多标准化的订单，快速应对高客流
知识	深入了解各种咖啡豆的特性和冲泡方法，并熟悉手工和定制咖啡的制作技术	熟悉标准化咖啡制作流程，对快速服务和成本控制有基本了解

续表

维度	精品咖啡店要求	连锁咖啡店要求
技能	具备高级咖啡制作技能，包括手冲和拉花艺术；具备敏锐的客户服务技能和客户交流能力	快速准确地执行标准咖啡制作流程，具备有效的时间管理能力，重视速度和准确性
能力	具备创造力和创新能力，高度的社交感知和协调能力	工作讲求高效率和精准性；能在快节奏环境中保持稳定
性格特质	热情开朗，乐于与人交流；对艺术有浓厚兴趣	耐心、效率高；情绪稳定
工作风格	对质量高标准要求，重视细节和顾客体验	强调效率，能适应高压和快速变化的工作环境

梳理清楚岗位要求后，李老板发现咖啡爱好者社群更容易匹配上这些要求，后来又招聘了李先生。李先生不仅能依据客户要求提供个性化的咖啡推荐，还能提供细心的服务，深受顾客喜爱，后面成了二店的店长，业绩也一路飙升。

看似很简单的咖啡师岗位，不仅仅像表面看到的那样，也需要更精准的岗位描述。可能看上去名称一样的岗位，对员工技能和服务的要求仍有巨大差异。有没有更科学的人岗匹配方法，能够避免招错人，较为精准地为岗位匹配上合适的人才呢？

人岗匹配的因素

人和岗位匹配（Person-Job Fit），重点是工作本身（包括任务要求、工作职责、工作条件等）与个人的能力、需求、价值观之间的匹配程度，如图 13-1 所示。当个人与所从事的工作匹配度更高时，更容易产生较高的工作满意度与绩效，以及更低的离职倾向。

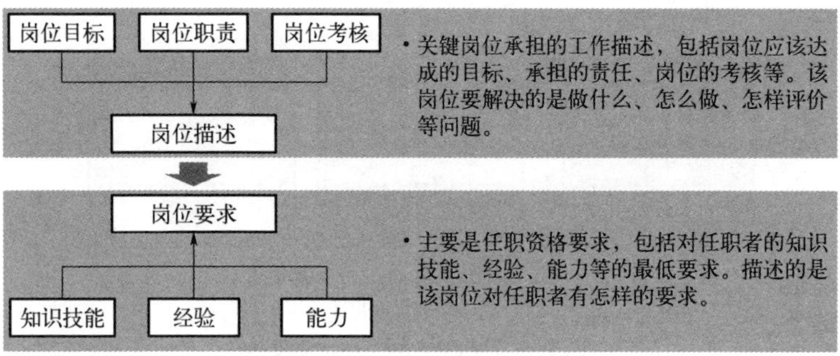

图 13-1　人和岗位匹配的结构

美国劳工部于 1998 年开始推出了职业信息网络（O*NET）的公开版本，提供了人岗匹配的框架，用于识别有关工作的最重要信息。O*NET 人岗匹配框架从“人”和“岗位”两个角度出发，解析人才的能力、兴趣、经验与岗位的要求、环境、发展前景之间的匹配关系，如图 13-2 所示。

通过这两个方面的详细拆解，把人和岗位匹配衔接起来，比如人力资源经理如果按这六个维度框架拆解，内容如表 13-2 所示。

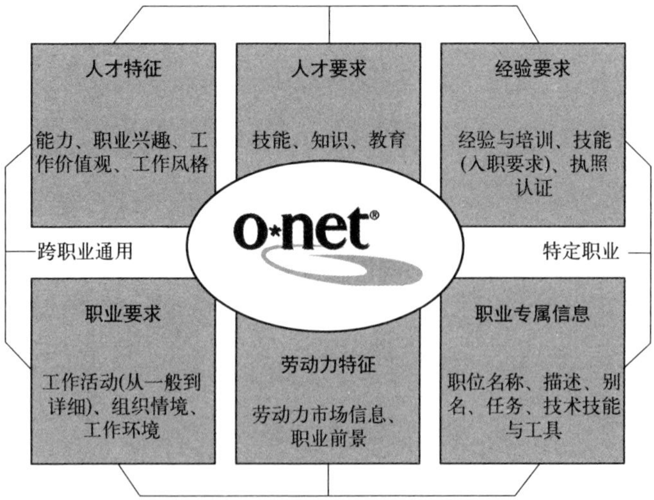

图 13-2　O*NET 的人岗匹配框架

表 13-2　人力资源经理人岗匹配框架

维度	能力要求
工作职责	计划、指导或协调组织的人力资源活动和员工
工作任务	• 通过处理问题、解释和管理合同以及帮助解决与工作相关的问题，充当管理层和员工之间的纽带 • 就组织政策问题（例如平等就业机会和性骚扰）向管理人员提供建议，并进行必要的变更 • 分析并修改薪酬和福利政策，以建立有竞争力的计划并确保符合法律要求 • 肩负着人员配备这一极具挑战性的职责，包括处理人手不足、调解纠纷、解雇员工和执行纪律程序 • 代表组织参加与人事相关的听证会和调查

续表

维度	能力要求
知识	● 人事和人力资源 ● 行政和管理 ● 法律与政府关系 ● 人才培养发展
技能	● 积极倾听能力 ● 人力资源管理技能 ● 判断与决策能力 ● 语言阅读能力
能力	● 口头表达能力 ● 思想与逻辑能力 ● 数据分析能力 ● 问题解决能力 ● 沟通协调能力
性格	● 正直 ● 自我控制 ● 掌控意愿 ● 可靠性 ● 合作性
工作价值观	● 关系需要 ● 利他需求 ● 良好的工作条件
工作兴趣	● 进取型工作 ● 传统型工作 ● 社会服务型工作
教育	● 本科以上
技术	● 办公软件 ● 人力资源软件

资料来源：内容来自 O*NET 官网。

人岗匹配的四步法

要让企业在招聘中事半功倍，从“特征模型构建”到“迭代优化”这四步连贯衔接，需要先透彻了解职位需求，整理候选人资料，再将双方特征转化为可对比的特征，通过算法计算出匹配度。最后，需要不断地在实践中验证与调整，才能让人岗匹配不断优化，提升整体招聘效率和质量。

步骤一：特征模型构建。

就像侦探办案前先要收集线索，岗位匹配也需要先准备好“岗位特征”和“候选人特征”：

- **岗位特征：**岗位设置的目的是什么？岗位职责是什么？需要哪些技能？
- **候选人特征：**简历里有什么亮点？拥有哪些技能？受过什么教育？工作经验如何？能力如何？性格又是什么样的？

只有先把这些资料都整理好，并进行“预处理”（比如把数据格式统一，去除多余信息），后续才能高效比对。

步骤二：特征匹配。

想象你要把岗位和候选人“对号入座”，就需要把它们都变成“可对比”的特征。主要包括以下几个方面。

① **技能匹配：** 看岗位需要的技能和候选人具备的技能有多少重合。重合度越高，匹配度就越好。

② **经验评分：** 候选人在相关领域干过几年？是否做过类似的项目？这样能算出一个“经验分”。

③ **教育背景评分：** 如果岗位要求高等学历，或者特定专业技能，就要看看候选人的教育经历是否符合。

④ **能力评分：** 候选人的能力如何？是否能匹配岗位要求？有没有潜能？

步骤三：匹配算法设计。

如何能快速、准确地把候选人和岗位匹配起来？下面有几种常用的算法：

- **加权匹配：** 依据经验和岗位要求给技能、经验、教育等不同要素分配权重。比如公司特别看重技能，就把技能权重调高，最终算出候选人的综合得分。

- **机器学习模型：** 当岗位和人才数据量足够大的时候，用随机森林、支持向量机等算法来“训练”一个智能分类器，或者运用先进的 AI 大模型探索优秀岗位匹配算法。

步骤四：迭代优化。

最后一步，就是人岗匹配的验证。

① **实践与优化**：在真实招聘场景中"试运行"，在招聘后半年、一年或一年半内，记录候选人入职后的表现。

② **长期跟踪**：如果表现好，就说明算法匹配得不错；如果有偏差，就根据真实表现的数据去优化模型，这样模型才能越用越精准。

育：靶向的能力提升

人岗匹配标准确定之后，真正的挑战在于如何提升匹配度，让能力更好地匹配岗位需求。传统的培养工作往往难以有效果的原因在于能力提升的针对性不足。如何让培养更具针对性，推动个人与组织双向发展？接下来，我们将探讨如何通过前置设计靶向提升能力。

从外包到自研的能力塑造

L科技公司，从成立之初一直从事B2B（企业对企业）外包服务，为其他企业开发定制化软件，目前员工规模已达到900人。随着市场对高附加值产品的需求增加，L科技公司决定逐步脱离低利润、依靠大量人力投入的外包模式，建立自己的核心产品线，形成自有知识产权和技术壁垒。

但公司长期以来的管理方式和流程都围绕"项目制"展开，

缺少从零到一开发自有产品的实践经验。为了更好地支撑这场转型，L 科技公司认为需要提前储备人才，提升员工能力，特别是管理层的能力，通过高层战略会议、技术专家访谈、HR 调研后，公司更加清晰地识别到内部的几个核心挑战，直接催生了胜任力标准的落地需求。

挑战一：外包惯性。

多数管理人员习惯于“短、平、快”的外包项目模式，面对自研产品的长期投入和持续演进尚缺乏应对的思维与方法。

挑战二：部门壁垒。

市场、运营、技术、客服之间缺乏一致目标，合作往往在项目尾声才被动衔接。

挑战三：数据意识薄弱。

过去更关注交付型 KPI（如项目上线、验收合格），缺少将数据贯穿于产品设计—运营—用户反馈—升级迭代各环节的意识。

挑战四：前瞻性客户意识不足。

在外包项目中常见被动收集需求的情况，但真正的自研产品需要主动洞察市场机会与客户的潜在需求。

挑战五：情绪与压力管理。

自研产品压力更大、节奏拖得更长，不同于外包“交付完即结算”的模式。

基于这些挑战，L科技公司对管理人员提出表13-3所示的要求。

表13-3 L科技公司对管理人员的要求

胜任力	定义	子维度	子维度定义
技术领导力	领导技术团队，保持技术的专业性	技术方向把控	把握前沿技术发展趋势，为自研产品选择合适的技术路线
		团队激励	营造有挑战、有成长空间的研发氛围，让团队在技术突破中保持热情
创新管理	推动创新，实施创新项目，保持公司产品的领先优势	创新项目管理	统筹自研产品从无到有、从概念设计到上线的全流程
		资源配置	根据产品研发需求，合理分配人力、物力和时间，确保创新项目顺利进行
数据驱动决策	基于数据分析和洞察做出科学决策，提高决策的准确性和有效性	数据分析	利用数据分析工具和方法，提取有价值的信息
		数据洞察	通过数据分析发现潜在的业务机会和问题，做出预见性决策
跨部门协作	有效地与其他部门合作，共同推动公司整体目标的实现	协同工作	在技术、产品、市场、运营等多部门间进行有效沟通，快速解决问题
		信息共享	建立透明的沟通机制，共享产品进展、客户反馈和市场信息
客户需求洞察	深刻理解客户需求，并将其转化为技术产品和服务	客户研究	通过访谈、市场调研、用户数据分析等手段，深入理解目标客户的需求
		需求转化	基于对客户场景和痛点的洞察，将需求转化为具体的产品功能和特性

续表

胜任力	定义	子维度	子维度定义
自我管理	高效管理自己的时间、压力和情绪，保持高水平的工作效率和工作热情	时间管理	在高强度研发环境下，合理安排工作节奏，确保关键任务按时完成
		情绪管理	有效调节和控制自己的情绪，保持良好的工作状态

L 科技公司通过引入第三方测评公司，结合线下面试和线上 360 度能力评估，对管理人员进行能力评估，发现结果如表 13-4 所示。

表 13-4　能力评估结果和培养建议

胜任力	子维度	均值	标准差	培养优先度	培训 / 提升建议
技术领导力	**技术方向把控**	4.2	0.3	**低**	• 大多管理者有资深技术背景，对于选择技术路线具备一定的前瞻性 • 建议开展行业技术趋势分享会，持续跟踪新技术以保持竞争力
	团队激励	3.8	0.4	**中**	• 重视项目交付，但对团队“长期成长”关注度不足，可开展“管理者激励技巧”工作坊，分享如何通过目标设定、反馈沟通、绩效认可等方式持续激励团队

续表

胜任力	子维度	均值	标准差	培养优先度	培训 / 提升建议
创新管理	创新项目管理	3.3	0.5	中	• 外包转型后项目周期拉长，需要更多“从 0 到 1”的实操，建议组织产品孵化实战工作坊，模拟产品迭代流程，提升管理者统筹和风险管控能力
	资源配置	3.1	0.6	高	• 在跨部门调用资源时遇到瓶颈，易出现“项目卡壳”，推荐“资源整合与谈判”培训，教会管理者如何有效沟通需求、争取资源并合理分配
数据驱动决策	数据分析	3.2	0.6	中	• 已有一些基础分析能力，但缺乏系统化的方法与工具，建议开展数据分析工具（如 SQL、BI 报表等）培训，并辅以实际项目数据演练
	数据洞察	2.8	0.8	高	• 差异大且整体分数偏低，反映部分管理者无法从数据中提炼业务机会 • 需重点培训“数据思维”和“业务场景结合”，引入外部专家或成功案例，帮助管理者学会基于数据进行预测和决策

续表

胜任力	子维度	均值	标准差	培养优先度	培训 / 提升建议
跨部门协作	协同工作	3.7	0.9	高	• 部门间对接流程不健全，虽然平均分不算很低，但差异较大 • 建议在公司层面建立统一的项目管理机制，如敏捷开发、Scrum 或者 OKR（目标与关键成果法），开展跨部门模拟演练，让管理者在实战中学习协同技巧
	信息共享	3.3	0.8	中	• 部分团队信息公开度高，部分团队“各自为战” • 通过内部知识库、日报 / 周报共享平台、部门例会等形式强化信息流通，并在管理培训中强调共享的重要性
客户需求洞察	客户研究	3.2	0.3	高	• 长期外包经历让管理者对客户沟通较为熟悉，但前瞻性的预测趋势较为被动，建议学习客户访谈、数据采样、行为洞察技巧，主动做产品迭代
	需求转化	3.9	0.4	中	• 能够理解客户想法，但把需求转化为具体产品功能的流程略显模糊，建议结合产品 roadmap（产品路线图）讨论，明确需求优先级与实施路径，并制定可跟踪的落地方案

续表

胜任力	子维度	均值	标准差	培养优先度	培训 / 提升建议
自我管理	时间管理	4.0	0.5	中	• 习惯外包项目高强度交付节奏，多数管理者能有效分配时间，需注意：自研模式下项目周期更长，可开展“敏捷时间管理”培训
	情绪管理	3.6	0.5	中	• 转型期压力大，不少管理者出现焦躁情绪 • 可结合工作坊形式学习高压力环境下的情绪调适方法，避免长期倦怠

培养优先度：

- **高优先度**：低平均分 / 高标准差，代表整体水平不足或差异大，需要重点与紧急的培训投入。
- **中优先度**：平均分或标准差在中间水平，需要有针对性地培养和跟进。
- **低优先度**：平均分相对较高且差异较小，在实际项目中持续巩固即可。

人才九宫格——打造人才梯队

人才九宫格（9-Box Grid）本质上是一个人才分析决策的矩阵框架，正如波士顿咨询公司开发的增长矩阵四宫格用来评估不同业务或产品线的贡献和潜力，优化投资组合，而人才九宫格通过类似的分类评估“人才资产”的潜力和能力，以优化人才梯队，用于人才管理和继任计划。九宫格模型最初是 GE 公司在其著名的管理开发计划（Management Development Program）中使用的，旨在帮助管理层评估和发展员工的潜力和绩效。

在 20 世纪 80 年代和 90 年代，GE 的首席执行官杰克・韦尔奇大力推广，在业务规划和来年的目标规划（Session Ⅰ、Ⅱ）后，召开人才盘点会议（Session C），由最高层［CEO、CHRO（首席人力资源官）、人力资源委员会等］和各业务部门负责人共同参与，目的是盘点各层级核心岗位的人才表现、潜力以及继任计划，确保有合适的人去领导或执行这些项目。

人才九宫格不仅成为 GE 公司识别和培养领导人才的核心方法，而且在相当长的时期内一直保持着对管理人才的强大“造血”能力，对人才管理实践产生了广泛影响。

九宫格把员工按绩效和潜力分为九个象限，同时看人才现在的能力和未来的潜力，以评估企业的人才现状。一个典型的人才九宫格如图 13-3 所示。

在把人才分为不同梯队之后，就可以针对不同人才提供差异化的人才管理策略，如表 13-5 所示。特别是对于人才数量众多的企业，可以帮助管理者更好地对下属进行分类管理，同时企业也能从全局掌握现有的人才现状。

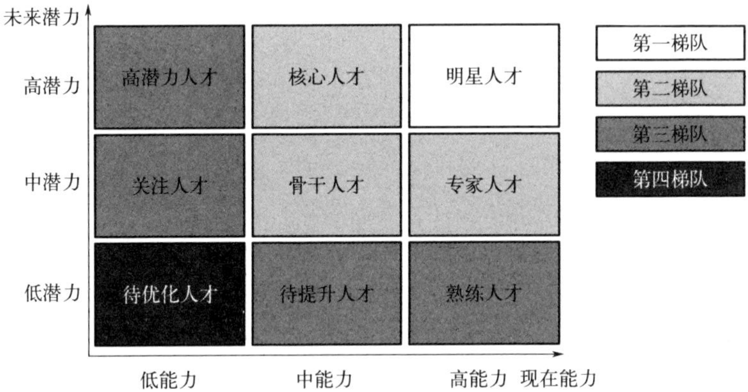

图 13-3 人才九宫格的划分

表 13-5 九宫格人才管理策略

人才类型	管理策略
高潜力人才	• 明确绩效改进的目标和时间表 • 提供定期的反馈和绩效辅导 • 考虑职位调整，寻找更匹配的角色
核心人才	• 制订个性化的发展计划，包括职业指导 • 提供关键项目的参与机会，以检验和提升其潜力 • 安排经验丰富的导师，增进其职业技能和领导能力
明星人才	• 提供更高职位的挑战和领导培训 • 设定快速晋升路径，包括跨部门轮岗 • 配备高层次的导师，提供执行层面的辅导
关注人才	• 详细分析绩效不佳的原因，并制订相应的行动计划 • 提供必要的支持和资源，帮助其达到期望水平 • 考虑调整其工作职责或工作环境

续表

人才类型	管理策略
骨干人才	• 加强在团队中的角色定位，提供必要的培训和资源 • 鼓励参与团队决策，提升参与感和责任感 • 探索横向发展机会，拓宽职业路径
专家人才	• 加强技能培训，推动深度专业发展 • 探索垂直晋升或更广泛的职责 • 鼓励分享专业知识，担任导师角色
待优化人才	• 进行能力评估，确认是否需要职位调整或重组 • 提供最后机会的改进计划，明确期望和后果 • 考虑绩效改进计划失败后的职位调整或解聘
待提升人才	• 明确绩效改进的目标和时间表 • 提供定期的反馈和绩效辅导 • 考虑职位调整，寻找更匹配的角色
熟练人才	• 认可和奖励，保持其工作的动力和满意度 • 优化其工作流程和工作环境，确保持续的高绩效 • 提供培训，帮助其维持现有技能

用：动态的团队搭配

团队搭配并非简单的人才堆砌，不能仅依靠人多力量大，而是像田忌赛马，关键在于排兵布阵。如何在团队管理中让不同层次的人才发挥最大价值？接下来，让我们看看如何进行有效的团队搭配。

团队搭配有奇效

林娜被安排接管市场二组时，这个部门就像一艘漏水的小船：业绩跌得惨不忍睹，大家互相埋怨，开会常常演变成争吵。面对这种混乱局面，她先按兵不动、暗中观察，发现团队最大的问题是缺乏能带头冲锋的“推进者”，大多数人闷头做事，生怕犯错担责，整个团队斗志消沉。

比如小李，每天加班到深夜整理数据，但在会议上几乎不敢开口；老王能和客户天南地北地闲聊，却对做报表毫无兴趣，对数字完全不敏感；新人小赵最擅长帮同事调解分歧，却因为资历浅一直被忽视；性格外向的小周总想带动团队行动，却没人愿意配合。林娜见状，决定先收集员工各自性格和能力的优劣势，再做针对性的任务分配。

经过考虑，林娜把小李放到市场情报岗位，鼓励他每周提供数据分析方案；老王专门负责拜访大客户，充分发挥他社牛的属性；小赵担任内部协调员，随时出面化解同事间的矛盾；最重要的是，林娜正式任命小周为临时小组长，作为“推进者”，要求他带头冲锋，及时督促大家付诸行动，同时兼顾其他人的工作节奏。

一周后再开会时，小李在屏幕上展示的销售预测图让人眼前一亮；老王带回了两笔潜在订单；小赵成功让两个原本剑拔弩张的同事握手言和；小周则不断提醒大家尽快执行，别耽误工作进度。渐渐地，组内的工作氛围从死气沉沉变得积极向上，业绩也逐步回升。一个季度后，市场二组终于完成目标。

人不是为岗位而生，从岗位的角度看人，不会有完美的个人，但是众人拾柴火焰高，只要取长补短，往往能达成“1+1>2”的团队效果。

贝尔宾团队角色理论认为每个人在团队中都相应承担着某种角色，所谓团队角色即在特定环境下倾向于扮演的行为模式。根据研究，一个高效的团队通常需要以下九种角色的合理搭配。

- 实干者（Shaper，SH）：动力和挑战驱动，能够克服困难，推动团队前进。
- 协调者（Coordinator，CO）：出色的团队领导者，擅长澄清目标，分配资源，优化团队结构。
- 发明家（Plant，PL）：创新和创造是他们的强项，擅长解决复杂问题。
- 资源调查员（Resource Investigator，RI）：外向且热情，擅长与外界交流和探索新机会。
- 监督者（Monitor Evaluator，ME）：逻辑和批判性思维能力强，善于分析和决策。

- 团队工作者（Teamworker，TW）：在团队中促进协作，处理人际关系，维持团队的和谐。
- 完美主义者（Completer Finisher，CF）：高度关注细节和质量，确保工作无误和按时完成。
- 实施者（Implementer，IMP）：计划性强，能够将想法转化为计划和实际行动。
- 专家（Specialist，SP）：拥有高度专业化的知识或技能，为团队提供关键的技术支持。

注：以上来源于贝尔宾 1984 年出版的 Management Teams:Why They Succeed or Fail。

通过角色的识别，可以合理搭配不同的团队成员。针对不同时期的项目需求，为主要角色设定清晰的目标。

（1）按需匹配角色

如果当前任务需开展大量对外工作，可优先让“资源调查者”角色充当对外窗口；如果需要严谨的决策与风险评估，可让“监察员”把住理性的“关口”。

（2）避免角色冲突或真空

关注团队中有没有过于集中在某个单一角色上的情况。比如，大家都在执行，没有人定方向；大家都在推进，都想让对方照着自己的想法做，互不让步，造成内耗；关键角色（如“完美主义者”）无人担任，导致细节无人把关。

（3）补足相应的短板

若团队缺乏创意者，可鼓励具备一定想象力的成员去培训或引入新成员；若缺少专家，可引入外部专家或进行内部培训，从而更科学、更理性地分析方案。

在实际的团队搭配中，先为团队中的关键角色制订清晰目标，比如销售团队中的“实干者”或“资源调查员”，研发团队中的“发明家”或“专家”。同时让团队成员知道谁更适合协调大家的工作，谁能把创意落地，谁能督促进度。让每个角色都能迸发更大的能量，共同推动团队进步。

什么样的团队最有效?

什么样的团队最有效呢？是不是业绩越好的团队越有效？但业绩往往有滞后性，等看到业绩的时候已经晚了。我们慢慢意识到，要想达到更好的业绩指标，需要提前找到致使团队无效的问题，干预团队。那么什么样的团队最有效呢？

组织管理学家也一直在研究这个问题，有人认为达成了团队目标，团队就是有效的；有人认为团队有效意味着组织内部的和谐，比如效率高、资源的利用度高等；有人则认为需要看团队中的人际关系、员工投入度和合作是否高效。笔者在 2009 年发表关于组织和谐的研究时，同样发现人际关系融洽、有组织保障和员工高效的团队最和谐。

销售性质的团队，需要拿结果的，拿到的结果越好越有效；跨部门合作的研发团队，内部合作协同的顺畅度和紧密性决定了最终的成果，因此不同团队类型的有效性是不一样的。如表 13-6 所示，不同的有效性适合于不同的场景和团队，应基于团队的特点去衡量团队是否有效。

表 13-6 不同有效性的适用团队

有效性衡量	成功的关键点	适合场景	团队示例
目标	实现了既定目标	目标清晰明确公开，可衡量	销售团队、项目型团队
资源	获得了需要的资源	资源和业绩产出关系较大	供应链管理团队、商务拓展团队、投资或风投团队
内部	顺利运转，没有障碍	过程和业绩产出关联较大	跨职能产品研发团队、行政 / 后勤综合服务团队、精益生产团队
战略性团体	满足关键利益相关者	团队在组织上有较大权力	公共关系团队、高管或董事会
人际关系	成员互相满意并合作，重视心理契约	和谐程度与业绩关联较大	创新团队、组织文化变革团队

注：改编自 Hackman 提出的哈克曼团队效能模型。

结合团队的类型，聚焦识别团队核心的成功关键点，一个团队往往不止有一个成功关键点，可以先确定主导模型，再引入辅助模型作为补充。

例如，如果此时团队最为关键的是业绩指标或项目交付，“目标模型”就是主导；如果业务成功依赖外部资源获取和维系，应以“资源依赖模型”为主；若满足多方利益对结果也非常重要，就需要结合“战略性团体”来进行辅助。

在团队搭配上，一个既要完成目标又需外部资源的团队，不仅要拥有强执行力和结果导向型成员，也离不开擅长谈判、善于搭建外部合作网络的人才，为团队提供必要的资源和渠道。对于一个对内部流程和协作要求较高的团队，则需要吸纳熟悉流程管理、能够统筹跨部门合作、善于沟通协调的骨干，以保证内部环境的顺畅运转。

在这个过程中，不可忽视管理者的领导力。当团队需要快速冲刺业绩、短期达成目标时，管理者应展现“结果导向”的模式；当团队面临利益相关者的多方平衡时，要施展 “统筹协同”的领导能力；在强调创新、需要员工高度投入的环境里，又应当实施“激励与关怀并重”的管理风格。管理者的领导风格与团队特性相匹配，多种团队有效性模型才能协同发挥出最大效力。

动态的团队匹配

团队是不断动态变化的，匹配得当的团队就像一支协调默契的乐队，相互配合才能演奏出和谐美妙的乐章。而一支临时拼凑的乐队，往往各弹各的，难以形成合力。通常，团队都会经历“形成—磨合—规范—高效”的成长过程，初期可能“跑调”不协调，但经过一轮轮排练与调整，逐渐找到默契与配合，最终才能在舞台上大放异彩。

如何能快速让团队进入状态，在团队的不同阶段，找准匹配的方向呢？塔克曼提出了团队发展阶段理论，通过“形成期、震荡期、规范期、执行期、休整期”五个阶段，揭示了团队从萌芽到成熟的全过程，如图 13-4 所示。在不同的团队发展阶段，对团队成员的要求是不一样的，搭配合理可以帮助团队平稳渡过转折期。

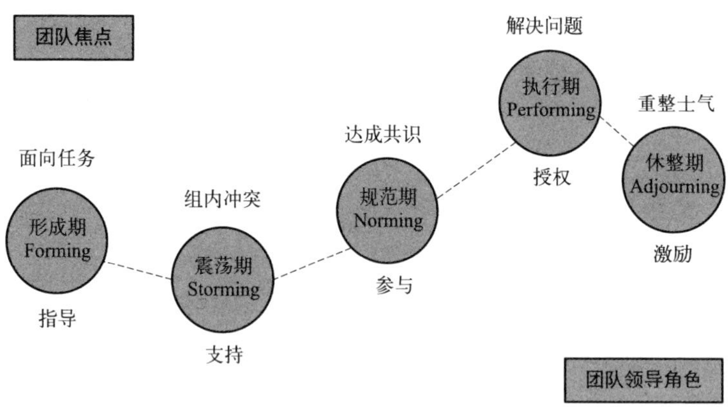

图 13-4　团队发展五阶段的团队焦点和领导角色

形成期（Forming）：团队成员刚刚聚在一起，彼此还不熟悉，都在寻找自己在团队中的位置。这个时期团队的优势在于对新事物接受度高，氛围相对和谐，但彼此缺乏深入理解，沟通可能浮于表面，协作流程也较为松散，导致效率不高。

在这一阶段，领导者的角色更多的是提供具体的指导，为大家提供清晰的方向和目标，建立基本的沟通机制，让成员能够更快地适应彼此。在团队搭配上，应尽快确定关键角色和工作分工，比如项目负责人、协调者等，确保团队有明确的职责分工。

震荡期（Storming）：随着团队运作，成员的个性与工作风格的差异开始凸显。不同的工作节奏、思维方式以及对目标的理解差异，都会成为潜在的摩擦点。如果处理得当，团队可以找到最佳合作方式；但如果矛盾升级，可能会导致对立或效率降低。

在震荡期，特别需要支持型角色的领导，帮助团队建立建设性的沟通方式，减少分歧，增进共识。在团队搭配上，需要配备沟通能力强的成员，如协调者或中立的意见引导者，以促进团队的有效讨论和决策。

规范期（Norming）：经过争执和调整，团队逐渐形成了一套被普遍认可的合作准则，大家对彼此的能力和个性有了更深的了解，信任感开始建立。此时，团队的效率显著提高，协作变得更加顺畅，这是团队建章立制的形成时期。但与此同时，团队也可能因为过于追求稳定而变得保守，或者因追求以和为贵，进而导致创新活力下降。

在这个阶段，领导者更多处于参与者的角色，既要维护团队已有的良好协作模式，也要鼓励适度的挑战和创新，以防团队陷入舒适区。在团队搭配上，可以适度引入有新想法的成员，打破固有的惯性思维。

执行期（Performing）：团队走向成熟和高效的阶段。大多数角色分工都已成型，成员间的配合游刃有余。目标、资源与行动方案高度一致。此时，团队的生产力和创造力达到巅峰。但这时可能有两个隐患：一是过度依赖现有模式，缺乏外部刺激，导致创新停滞；二是成员可能产生自满情绪，对外部环境变化的警觉性降低。

为了保持团队活力，在这个阶段，领导者可以更多授权，减少干预，给予成员更大的自主权，鼓励创新，向外部和市场看齐。团队也可以适时引入新成员，制造一定的“鲶鱼效应”，让团队保持敏锐。

休整期（Adjourning）：当核心任务完成，团队进入休整期调整。成员因新任务或个人规划陆续离开，团队需要对成果进行总结与评估。这是一个相对容易被忽视的阶段，但它的重要性不容小觑。一个团队在项目中的所有经验、方法和成果，是否能够被有效地传承，往往决定了未来团队的成长速度。

在休整期，领导者可以鼓励成员进行提炼总结，让团队在解散前做好复盘，沉淀最佳实践。同时，也要关注团队成员是否有一定的迷茫，对他们过去的工作予以认可，并帮助他们规划下一步的发展路径。在团队搭配上，为确保工作的有序收尾与知识的传承，可以通过安排分享会或整理文档等方式，让成功经验得以沉淀和留存，也让离开或转岗的成员对过去的付出有充分的认可感。

留：员工激励

有人说管理的本质是激发善意，那么激励的本质就是激发人性的内在动力。从X理论到Y理论，我们如何在“管控”与“信任”间找到平衡？如何能让员工发自内心地热爱工作，达成公司与员工的双赢？

如何激励员工？

员工是本来就有自驱力，还是必须拿着大棒督促？人性本善还是人性本恶？这虽是个哲学问题，但一直困扰着我们：用什么样的方式去激励员工。心理学家道格拉斯·麦格雷戈提出了

X 理论和 Y 理论，展现了管理者对员工激励的两种截然不同的基本态度。

（1）X 理论——员工天生不喜欢工作

- **基本假设：**大多数员工天生懒惰，缺乏野心，不愿承担责任，对工作不感兴趣，只是因为需要钱才去工作。因此，需要对他们强化外部的监督和控制，才能取得好的绩效结果。

- **管理风格：**对员工持有这样观点的管理者往往喜欢采用严苛的管理风格，强调命令和控制。他们往往不信任员工，认为只有通过严格的监督和规定才能确保员工的生产效率。

（2）Y 理论——员工自然愿意工作

- **基本假设：**与 X 理论相反，Y 理论认为工作是人类生活中自然而然发生的。大多数人实际上是喜欢工作的，员工们都愿意承担工作责任，有自我控制和自我激励的能力。

- **管理风格：**基于这种观点，管理者往往采用民主和参与式的管理风格。他们信任员工的自我管理能力，鼓励员工参与决策过程，通常提供更多的自主安排和自我实现的空间。

不同的行业对员工的看法往往有明显的差异。流程规则强的行业，比如政府机关、制造、金融等，它们会把每个流程上的工作岗位、职责、权限范围、操作手册等都安排得明明白白，这类行业容易采用严格的奖惩考核机制，用严格手段来约束员工的行为。而没有“标准答案”、创新性强的行业，如服务、互联网等，则喜欢通过激励的方式，让员工自由发挥。

在规则导向性强的行业，过于放手，过于相信员工的自主性，可能导致无法控制结果；在需要创新的行业，对员工过于管束，反而会抑制新想法和新思路的产生。

回到每个具体的员工，则需要考虑员工本身的特点。如果团队成员本身自驱力强，不需要过多干涉，也能把事做好，那么Y理论可能更适合，我们只需要告诉员工工作的任务和目标是什么就可以了，反之，则需要更多的指导和过程监督。

如何在管控和激励之间达到平衡，避免“一管就死，一放就乱”的局面呢？究竟给员工多大的压力才能达到最佳的激励效果呢？压力过低或过高都会表现不佳，适中的压力水平则会提高任务表现。就像Deadline（截止日期）是第一生产力一样，适度紧张有助于提升表现，这时候警觉性和集中注意力的能力均达到最佳状态。但是压力过度会导致焦虑，反而使表现不佳。

如何找准压力的度，才能既激励员工，又不至于把员工压垮呢？耶基斯-多德森定律描述了压力（或生理激活）水平与任务难度之间的关系，如图13-5所示。简单的任务，压力越大，效率越高；复杂的有难度的任务，压力越大，效率越低，越容易出错。需要针对员工的能力，适当地加压，而不是一开始就布置高强度任务。特别是像设计、研发这类需要创意的工作，压力过高反而会抑制新想法的产生。

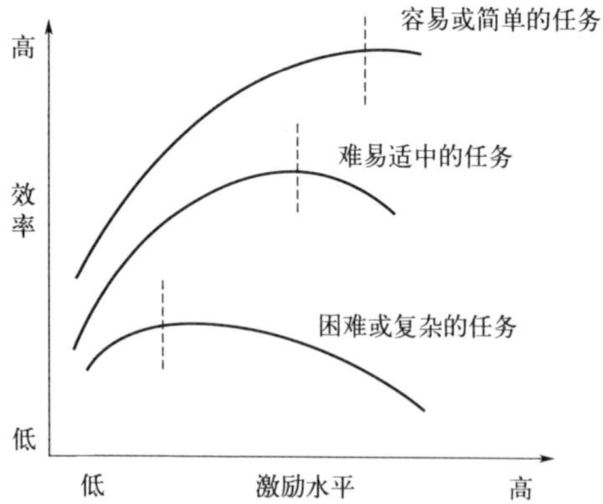

图 13-5 压力水平与任务难度之间的关系

激励的复杂性

小李和小王是公司里的两个名副其实的“卷王”，他们每天都主动留下来，甚至周末也常常回到办公室，一副“工作狂”的模样。然而，两人的动机却截然不同。小李知道老板很看重加班，他希望通过加班获得老板的认可，未来能受到重用。小王则是单纯喜欢做项目，追求更完美的成果，他喜欢沉浸在解决难题的过程中，愿意多花时间打磨每一个细节。表面上看，两个人的行为如出一辙，可各自有着完全不同的动机。

员工的动机是复杂的，这增加了辨别激励手段效果的难度。员工的成长经历、价值观、能力等，都可能使得同一种激励手段在不同人身上产生截然不同的效果。比如，对经济压力较大的员工来说，涨薪能满足他基础的生存需要，是刚需；对家里不愁钱的员工来说，涨薪可能仅仅意味着对他社会价值的肯定，这份肯定不一定只通过钱体现，表扬、认可或者给予更高的岗位，也能起到类似的效果。

我们需要了解员工最关注的是什么，才能更有针对性地去激励他们。但是激励效果也会随着个人生活状况的变动而改变。比如经济压力大的员工，通过自己的打拼在一线城市拥有了三套无贷款房产，同时又有几百万现金在手，他的关注点可能会从“赚更多钱”转移到“高质量生活”或者“高成就需要”上。此时，单纯的金钱激励，就难以奏效。

同时，组织文化、领导风格和团队氛围等外部因素，也会对动机产生潜移默化的影响。比如原本工作不投入、只想躺平的员工小王，换到了新部门。这个部门领导愿意鼓励员工大胆试错，互相交流心得，对员工不评价，只鼓励。在进展不顺时为员工撑腰，帮助他们总结经验、重整旗鼓。渐渐地，小王从最初的不以为然，也变得对尝试新想法产生了兴趣。不断尝试和学习，让小王不再只想着“混日子”，也开始主动规划，琢磨把工作做好。

由此可见，不同的环境，可以让动机不足的人产生“质变”。没有“一招鲜”式的万能激励，但有有效的激励组合，下一节将介绍如何系统地强化员工的动机。

如何增强动机：让工作更有趣

动机在冰山模型的最底层，藏得很深，也很难改变。让一个态度消极、安于现状和缺乏动力的人变得积极进取、充满活力和追求卓越，难度很大。激励问题一直是多数管理者最头疼的问题之一。或许物质激励比如涨薪、发绩效工资在一定程度上能够增强员工干事的热情，但这往往不持久，时间长了，不仅激励效果会下降，而且成本也难以负担。

一个人的动机，难以从无到有彻底转变，但可以循序渐进、逐步增强。人始终有两种底层的动力，回避痛苦和追求快乐。我们日常的管理手段，比如 KPI（关键绩效指标）不达标时的惩罚措施、可能面临的降薪或淘汰，或者向员工传递“如果不跟上公司的节奏，就可能在竞争中被淘汰”的压力，短期有效，但过度依赖恐惧诉求会降低员工的内在积极性。

有没有更加正向、愉悦、美好的积极因素，让人们因为“更好的体验感”而心甘情愿地投入工作呢？那就是让工作更有趣，让工作形式更有趣，让工作内容更有趣。

哈克曼和奥尔德姆（Hackman & Oldham）提出的工作特质模型（Job Characteristics Model）解释了**为什么有些工作会让人**

感觉更有动力、更有意义，而另一些工作显得枯燥无味。它把工作中的关键要素（也称为“工作特征”）提炼了出来，只要把这几个要素做好了，就能提高员工的工作动机、满意度和工作绩效。以下是这五大工作特征。

① **技能多样性（Skill Variety）：**员工做的工作需要用到多少不同的技能和知识。

举个例子：如果员工每天只是拧一个螺钉，一直重复同一个动作，其技能多样性就很低；如果你是一家初创公司，员工既要处理设计方面的工作，又要做客服，偶尔还要处理点儿数据，那技能多样性就高。

② **任务完整性（Task Identity）：**员工能不能看到自己工作从头到尾的成果。

比如，在餐厅里当厨师，从备菜、炒菜到摆盘，全程参与，能看到自己做出来的一道道菜端上餐桌，任务的完整性就比较高；如果员工只是在流水线上做一道工序、分析一个数据、做一页 PPT，不知道为什么要做这个，也不知道最终的成果是什么，那么任务的完整性就低。

③ **任务重要性（Task Significance）：**工作对别人、对企业或对社会到底有多大影响。

比如，医生救死扶伤，这份工作对病患乃至社会影响很大，任务的重要性就高；如果员工认为这份工作可有可无，感觉没什么帮助，就会感到任务的重要性不足。

④ **自主性（Autonomy）：**员工的自由度决定其如何完成工作。

如果领导只给目标，不管过程，那员工就拥有较高的自主性；如果每个细节都严格规定，员工只能按照固定流程一步步执行，那员工的自主性就很低。

⑤ **反馈（Feedback）：**员工能及时、直接地了解到工作的效果或表现。

有些工作，比如销售，很快就能看到自己卖出多少，反馈非常直接。如果员工一直埋头做事，但不知道自己是否达到期待，一直得不到回应，那就缺乏反馈。

我们可以把工作设计成带有这五种特征的岗位，能让员工产生好的"心理感受"，简单来说有三种核心心理状态：

第一，认为工作更有意义和价值。当工作本身需要多种技能，又能看到完整结果，并且觉得做这件事真的很有价值（对他人或社会都有贡献），就会觉得"这份工作很有意义，我在做一件很重要的事情"，从而让员工觉得自己是个很有价值、很重要的人。

第二，对工作成果更有责任感。很多管理者觉得员工没有把公司的事当作自己的事来做，这有可能是管理者管得太多的原因。当员工有一定自由度来决定工作方式时，会觉得"成果由我负责，得好好做”。

第三，清晰了解工作成果。当员工能及时、清晰地知道自己做得怎么样时，就能持续改进，也会更有动力。这种反馈，能让员工及时调整自己的行为。

最终，员工工作的内在动机会显著提升，能增强他们的工作投入度和主动性，也会让他们对工作更加满意，降低缺勤率和流失率。

具体如何做呢？下面是一个金融公司的例子。

小张是一名刚毕业的应届生，被分配到金融公司的数据分析岗。他的工作就是机械地录入各种信息，工作单调枯燥，他也不知道这些数据的意义。久而久之，他对自己的价值产生了怀疑，刚做了一个月就想离职。

公司领导层也发现数据分析岗的员工流失率过高，导致很多内容都是重复交接，还经常出错。HR 调研后发现这个岗位的工作确实很枯燥，而且现在年轻人更重视工作的体验感，简而言之这个岗位的体验感太差。之后，公司内部重新设计了这个岗位的内容。

首先，他们增加了技能多样性，培训小张学习数据分析、财务基础和客户服务，不再只是单纯的“信息搬运工”。整个任务链条也打通了，他们不仅能录入数据，还能跟进业务流程，看到数据如何影响客户贷款审批。有一次，小张主动发现并修正了一条错误数据，避免了客户贷款被拒，这让他第一次感受到工作的价值。

其次，公司组织了内部分享会，让他们了解数据如何影响金融决策。小张惊讶地发现，他的工作与客户信用评分和贷款审批息息相关。与此同时，公司也允许他们优化录入流程，主动与业务部门沟通。他们开始尝试预检查数据，使错误率大大降低。

最后，公司建立了实时反馈机制，让他们能随时查看自己的数据质量和工作表现。小张逐渐从一名普通录入员成长为能发现问题、优化流程的业务助理，并受邀参加公司业务培训。

半年后，这位刚毕业的应届生不仅适应了职场，还找到了工作的价值感。而公司也提升了数据质量，降低了员工流失率，还收到了一些意想不到的有效建议。